Ce qui me tourmente, ce ne sont ni ces creux, ni ces bosses, ni cette laideur. C'est un peu dans chacun de ces hommes, Mozart assassiné.

Terre des hommes - Antoine de Saint-Exupéry

Avant-propos

C'est par un article de Mr Gian Antonio Stella publié dans Corriere della Sera : « Bassetti et les martyrs d'Algérie » que nous apprenions la reconstruction à Lasino dans le Trentin italien, d'un monument que nous avions côtoyé toute notre jeunesse à Palestro et qui avait pris encore plus de sens après sa démolition par la nouvelle Algérie de 1962.

Domenico Bassetti et une cinquantaine de nos aïeux qui construisaient un « nouveau monde » à Ben-Hini, qui deviendra Palestro, succombèrent dans d'affreuses conditions à l'issue d'un combat inégal durant l'insurrection de la Kabylie en 1871. Par leur résistance de quelques jours dans des refuges de fortune, ils empêchèrent les insurgés d'atteindre l'Alma et la Mitidja.

Nous sommes nés et avons grandi dans ce village, comme 4 à 5 générations de nos aïeux qui, après ce massacre, l'avaient rebâti. Nous avons dû fuir, l'abandonner et devenir ce que l'on appellera des « Rapatriés ». Rapatriés dans une patrie que beaucoup ne connaissaient pas. Expatriés, réfugiés, exilés dans leur propre patrie, je ne trouve pas de mot approprié.

N'ayant pu participer, le 29 novembre 2015, à l'inauguration du monument dédié à la mémoire de Domenico Bassetti, nous nous étions promis de venir saluer cette initiative qui comme le disait si bien Gian Antonio Stella, nous rappelle « quand les immigrants c'étaient nous ».
Un monument pour se rappeler tous les émigrants d'hier et d'aujourd'hui forcés de quitter leurs terres pour des raisons politiques ou religieuses, un thème bien d'actualité disait si bien Mr. Eugenio Simonetti.

Mr. Eugenio Simonetti, maire de Lasino, nous avait aimablement invités, c'est son successeur Mr. Michele Bortoli qui nous a reçus le 23 septembre 2016 en compagnie d'habitants du village dont certains membres de la famille Bassetti. Ils nous attendaient au pied du monument, à l'entrée du parc public qui porte le même nom.

Ce fut une journée pleine d'émotions, tant par les souvenirs qui resurgissaient que par le chaleureux accueil de nos hôtes. Il fut beaucoup question de Domenico Bassetti, un enfant de Lasino. Un homme engagé, qui n'ayant pu vivre avec ses convictions dans le Trentin, était parti chercher un meilleur destin en Algérie. Il était à l'origine du centre de peuplement de Ben-Hini.

54 ans après notre exode, nous retrouvions un peu de leur héritage, un peu de leur sacrifice. Ce monument prenait une nouvelle dimension, il devenait pour nous celui de tous ces hommes qui disparaissent de nos mémoires, celui de toutes ces âmes errantes qui n'avaient que nos cœurs en refuge. Désormais c'est là que nous les retrouverons.

Après le dépôt d'une gerbe en leur honneur par la plus jeune d'entre nous, une « Pied-nu » représentant les descendants de la sixième génération et après le recueillement qui convient nous nous sommes retrouvés autour d'une bonne table dans une salle communale. Le vin de Lasino était aussi bon qu'il ne l'était à Palestro et nous avons trinqué aux futures vendanges de nos enfants et petits-enfants.

A l'occasion de cet événement, j'ai essayé de retracer l'histoire qu'ils ont incarnée et que nous avons vécue, en étant le plus factuel possible et en suivant la chronologie des événements.

Je tiens à remercier :

- *les membres de notre petite communauté d'anciens de Palestro et plus particulièrement ceux qui ont participé à la rédaction de cette chronique,*
- *la ville de Lasino qui nous a si généreusement accueillis,*
- *Albert et Valérie Marsot, pour leur aide dans la recherche d'archives,*
- *Claudie Broussais pour ses nombreuses corrections,*
- *Jacqueline, mon épouse, pour avoir épousé aussi notre histoire et Frédérique, notre fille, pour sa relecture pertinente.*

A toi qui priais à genoux, à chaque nouvelle alerte.

A tous ceux qui ne sont pas revenus.

A vous tous qui avez bâti ce pays.

A nous tous qui l'avons laissé assassiner.

Retour aux sources

L'avion qui nous menait à Lasino, survolait Palestro,

Jacques Cormery[1] nous avait rejoints, dans la calèche qui roulait sur une route caillouteuse, nous l'emmenions prendre un verre de petit-lait à la ferme en contre-bas de la gare, à l'ombre des eucalyptus. Nous venions de traverser le passage à niveau, la carriole grinçait et de temps en temps une étincelle jaillissait sous le sabot de Bayard qui avançait vaillamment le poitrail en avant pour tirer la lourde charrette où nous étions entassés.

« Entrez » dit le grand-père après nous avoir écoutés sur la terrasse, « en somme, vous êtes en pèlerinage » nous dit-il, « entrez dans la salle à manger, c'est la pièce la plus fraîche »

Il disparut un instant et revint avec un plateau sur lequel il avait rangé quelques verres et une grande cruche pleine de ce breuvage, extrait de la baratte après la fabrication du beurre, au goût aigrelet mais si rafraîchissant.

« Si vous aviez tardé, vous auriez risqué de ne plus rien trouver ici, en tout cas, plus un Français pour vous renseigner ».

- Les Italiens nous ont dit que Dominique Bassetti, Nico comme ils l'appellent là-bas, avait une briqueterie derrière la ferme, juste au-dessus de l'Isser, entre la gare, le cimetière et le passage à niveau ? Il était de Lasino dans le Trentin, autrichien à l'époque.
- Je ne l'ai pas connu, je suis arrivé ici bien plus tard.
- Vous en avez entendu parler ?
- Un peu, mais puisque vous êtes du pays vous savez qu'ici, on ne garde rien. On abat, et on reconstruit. On pense à l'avenir et on oublie le reste.

---

1 Albert Camus dans « Le premier homme »

- Bon, nous vous avons dérangé pour rien, merci pour le rafraîchissement.

- Non, dit le grand-père, ça fait plaisir et d'ajouter « vous savez, on ne voit pas grand monde ici, la région est devenue invivable, il faut dormir avec le fusil depuis que les fermes ont été attaquées, depuis qu'ils ont tué, massacré, hommes, femmes et enfants ».

- Que faites-vous ici ?

- Oh ! Moi, je reste et jusqu'au bout, quoi qu'il arrive, je resterai. J'ai envoyé ma famille à Alger et je crèverai ici mais personne au monde ne fera la loi chez moi. On ne comprend pas ça à Paris. A part nous, vous savez ceux qui sont les seuls à pouvoir le comprendre ?

- Les Arabes

- Tout juste, on est faits pour s'entendre, aussi bêtes et brutes que nous, le même sang d'homme, mais on va se tuer, se torturer un brin et puis on recommencera à vivre entre hommes, c'est le pays qui veut ça.

Avant de partir, nous lui demandions si quelqu'un d'autre dans le pays aurait pu connaître Nico.

« Non », selon le grand-père, ils étaient tous partis Dieu sait où, à tourner en rond dans un appartement moderne, éclairé au néon et protégé par du polystyrène. Un fils Lhérideau aurait épousé la fille Bassetti, c'est tout ce que l'on put savoir.

L'avion survolait maintenant la Kabylie, nous essayions de mettre de l'ordre dans nos souvenirs, de les revoir, de les imaginer, sans cesse ils disparaissaient dans le bruit assourdissant des réacteurs, fondaient dans l'histoire anonyme de ce village.

Ils rêvaient tous de la terre promise, les hommes surtout, les femmes avaient peur de l'inconnu. C'était le genre à croire au père Noël, pour eux il portait un burnous. Eh bien, ils l'avaient eu leur petit Noël ! Ils étaient partis, sous la bénédiction divine et les applaudissements des voisins, vers un village encore inexistant, qu'ils allaient créer par enchantement.

Il leur a fallu coucher sur des paillasses au fond des cales, malades à en crever, dans une frégate à roues qui les embarquait vers les moustiques et le soleil. A l'arrivée, la population sur le quai accueillait en musique ces aventuriers verdâtres venus de si loin avec femmes et enfants.

Ils étaient là, parmi les immigrants, à attendre que les palans descendent les pauvres meubles qui avaient survécu au voyage. Il leur fallait rejoindre Ben-Hini mais ce n'était pas la route que nous avions connue. Pas de route pour les immigrants, en convoi, encadrés par l'armée, les hommes souvent à pied, coupant à travers les plaines marécageuses ou le maquis épineux, jusqu'à ce qu'ils parviennent à leur affectation.

Et là, pas d'habitation, pas de lopin de terre cultivé, un plateau entouré de montagnes lointaines, couvert d'une poignée de tentes militaires couleur de terre, c'était pour eux l'extrémité du monde, entre le ciel désert et la terre inconnue et les femmes pleuraient alors dans la nuit, de fatigue, de peur et de déception.

Les maisons seraient pour plus tard, on allait les construire et puis distribuer les terres, le travail, le travail sacré qui sauverait tout.

A peine leur petite cagna *(maison)* terminée, ils eurent droit aux calamités naturelles. En 1865 la sécheresse avait touché quasiment toutes les récoltes. L'année suivante alors que celles-ci s'annonçaient belles, un sirocco apporta des nuées de sauterelles qui dévorèrent les blés jusqu'aux racines et donnèrent naissance à des légions de criquets qui dépouillèrent les arbres de leurs fruits et de leurs feuilles. En 1867 la sécheresse à nouveau, les troupeaux meurent de faim. Puis ce fut le choléra dans toute la région, on comptera plus de 10.000 victimes dans la subdivision de Dellys. Les médecins militaires étaient dépassés, les remèdes épuisés. C'est alors que germa l'idée de danser pour s'échauffer le sang … Et toutes les nuits, après le travail, les colons dansaient entre deux enterrements, ils transpiraient tout ce qu'ils pouvaient et l'épidémie s'arrêta. Ils dansaient autour d'une lanterne autour de laquelle tournillaient insectes et moustiques pendant que d'autres montaient la garde pour se défendre des animaux ou des voleurs de bétail.

Plus tard, on construira enfin Palestro, on leur donnera enfin des terres, des parcelles dispersées loin du village mais combien étaient morts sans avoir touché la pioche ou la charrue ?

L'avion entamait sa descente sur Marco-Polo et nous nous demandions : quelle est la patrie de ces hommes qui étaient allés là-bas, labourer, creuser des sillons de plus en plus profonds, bâtir des routes, des chemins de fer, des ports, des écoles, des églises, des mosquées, établir des cartes, un cadastre, donner un nom à ce pays. Ils avaient procréé et disparu et ainsi de leurs fils et des fils de ceux-ci et des petits-fils de ces derniers. Toutes ces générations, tous ces hommes venus de tant de pays différents, avaient disparu sans laisser de traces, refermés sur eux-mêmes. Un immense oubli, comme si l'histoire de ces hommes, s'évaporait sous le soleil incessant avec le souvenir de ceux qui l'avaient vraiment faite. Une histoire réduite à des crises de violence et de meurtres, des flambées de haine, des torrents de sang vite gonflés, vite asséchés, comme les oueds du pays.

Demain nous avons rendez-vous avec eux, dans ce lieu d'où les premiers étaient partis il y a cent cinquante ans.

Palestro n'est plus en Algérie, aujourd'hui c'est ici à Lasino

Nous nous sentons un peu chez nous ici, un peu dans notre Palestro, dont Nico, comme il est familièrement appelé, a été le premier maire. Nous passions aussi devant un monument pour aller à l'école, au marché le mercredi ou à l'église le dimanche ou tout simplement nous retrouver sur la place du village. Les anciens jouaient à la pétanque au pied de la statue, avec comme ici des montagnes pour horizon, Tigremount (Alt.1020), Djurdjura (Alt. 2200), Bouzegza (Alt.1030) et ces gorges creusées dans le calcaire par l'oued Isser ou par l'oued Keddara qui faisaient la renommée du village.

Sur le socle de la statue était gravé dans un marbre « Monument élevé par souscription publique, à la mémoire des victimes du massacre de Palestro le 21 avril 1871 ». Il y avait deux monuments aux morts au village, celui des grandes guerres et celui-là. Personne ne parlait de ce dernier, ni à l'école, ni à l'église, ni entre nous. Les fleurs, les marseillaises, les discours étaient toujours pour les grandes guerres, jamais rien pour les petites guerres ? Il a fallu que chacun apprenne ce qui s'était passé ces 20 et 21 avril 1871, qu'il sache qu'il s'agissait d'une guerre civile dont les protagonistes vivaient côte à côte, chrétiens et musulmans, européens et kabyles, victimes et assaillants, avant de pouvoir comprendre qu'aucune cérémonie n'était possible.

Un monument à la douleur de ces hommes partis chercher un meilleur destin, en fuyant un régime politique ou une situation économique difficile et qui, abandonnés à leur sort, ont dû défendre leurs familles au prix de leur vie.

Naissance du village

« Les établissements français de l'Afrique du Nord ».

C'est ainsi qu'étaient désignés ces territoires quand le mot Algérie n'existait pas encore et que la France cherchait à les peupler, alors que la majorité des émigrants européens se dirigeaient vers les Etats-Unis. « Plus proche, il ne faut que deux jours de voyage en bateau à vapeur pour y aller, le climat y est agréable et sain, l'accueil est assuré par les autorités en place ... » était-il dit.

Hélas, il en a été parfois bien autrement, les conditions dans lesquelles les familles ont abordé cette terre inhospitalière pour en faire leur nouveau territoire, furent parfois dramatiques.

Le Djurdjura et la Kabylie ont toujours été un territoire hostile et d'un relief propice à chasser tout intrus. Les Turcs peinaient à relier Alger à Constantine. En 1815, stoppés sur le territoire des Aït-Khalfoun à Ben-Hini, ils avaient construit le pont du même nom, pour franchir l'Isser et un bivouac pour leur permettre d'assurer leurs communications vers l'Est.

Dans son rapport sur la tragédie qui nous occupe, Louis Rinn[2] précise que « Palestro, créé par arrêté du 18 novembre 1869, avait été installé sur les terrains domaniaux entourant l'ancien gîte d'étape turc du pont de Ben-Hini, sur l'oued Isser et que les 546 hectares, sur lesquels ce village de 59 foyers avait été réalisé, n'avaient donc pas été pris, même par expropriation, aux tribus voisines, Ammal et Aït Khalfoun ».

---

2 *« Histoire de l'insurrection de 1871 en Algérie » par Louis Rinn, Conseiller de Gouvernement, vice-président de la Société Historique d'Alger, ancien chef du Service Central des Affaires Indigènes.*

Le centre de population de Palestro fut érigé en section distincte de la commune-mixte de Dra-el-Mizan le 17 mars 1870.

(Les tribus, situées à l'est de la Mitidja, ont été administrées jusqu'au 10/02/1879 par l'autorité militaire. Un chef de bureau arabe installé à l'Arba, et plus tard à Tablat, était chef de « l'annexe » d'Alger. En 1871, les Ammal et les Beni-Khalfoun relevaient de cette annexe)

L'histoire de nos héros est trop souvent occultée ou réduite à celle des grandes exploitations agricoles du colon, c'est pourquoi fiers de leur héritage, nous voulons les arracher à l'oubli en retraçant leur long cheminement.

C'était en 1871

… Mis en possession de ses lots, le titre de propriété n'était établi que 3 ans après que le concessionnaire ait réalisé les travaux prévus dans son bail, dans le cas contraire il était déchu de ses droits. Pour le village de Ben-Hini *(premier nom du village)* les concessions avaient été consenties par bail de un an seulement, s'achevant en octobre 1869.

Sous la présidence d'un vérificateur des domaines, une commission d'enquête fut créée en octobre 1869. En faisaient partie deux italiens et un espagnol : Bassetti Dominique, entrepreneur, Debernardi et Mayoral. Sur 46 familles admises, 14 n'avaient pas réalisé les travaux nécessaires pour pouvoir prétendre à en devenir propriétaires.

En décembre 1869 le Gouverneur Général de l'Algérie fixe les conditions et les coûts des actes de vente aux colons déjà installés au titre de locataires à Ben-Hini et qui ont fait preuve de la résolution de s'y fixer :

- les concessions comprenant un lot urbain et un ou deux lots ruraux au prix fixe de 150 francs quelle que soit leur contenance
- les lots de ferme, 25, 25bis et 26 au prix de 10 francs l'hectare

- les lots urbains réservés à des industriels au prix de 50 centimes l'are.

Au recensement des concessions du 23 mars 1871 *(voir plan de 1874 en annexe)*

Nico pouvait prétendre à devenir propriétaire de la ferme n°1 comprenant : les lots urbains 36 et 43 et le lot industriel 25. Sur le lot 36 il avait, construit une maison servant d'hôtel et des écuries, réalisé un jardin, planté une vigne, et sur le lot 43 une vigne et des arbres fruitiers. Il avait payé ses annuités aux domaines. Le lot 25 servait de chantier et de briqueterie, il se situait à l'emplacement de la gare que nous avons connue, *(le train n'y arrivera qu'en 1885),* entre une carrière communale sur la rive droite de l'oued Isser et le cimetière[3] qui était déjà là.

Ses frères Emmanuel et André Bassetti disposaient en indivis du lot 42 *(intercalé entre les lots 36 et 43 de Nico)* sur lequel ils avaient construit une maison de trois pièces et des écuries et planté arbres fruitiers et vigne. Ils disposaient aussi des lots ruraux 3 et 6 à l'ouest du bivouac français qui est devenu plus tard le stade de foot que nous avons connu. Ils avaient payé leurs annuités aux domaines.

Un troisième Bassetti Balthazar a probablement été déchu de ses droits sur le lot 24 qu'il n'avait pas obtenu directement des domaines et avait dû faire l'objet de transactions hors colonisation officielle.

Les lots 36, 42 et 43 sur lesquels étaient installés les frères Bassetti, d'une surface d'environ 2 hectares, se situaient entre la RN 5 qui venait d'être ouverte et le ru de Taladger en contre-bas au nord. Pour une meilleure localisation par nos contemporains, ils s'étendaient depuis la Pharmacie Nouvelle de Mr. Ajello *(devenue Laurenty)* à l'Est, l'épicerie Coste et l'habitation Lévéque à l'étage,

---

3 Il s'agit du lot 25 bis

la station d'autocars Moussaoui, le café Winum, la maison Vidal et s'achevaient en face du garage Waldet à l'ouest.

Ce recensement du 23 mars 1871 mentionnait les lots affectés aux espaces publics :
- le lot 61 réservé au presbytère, à l'emplacement que nous avons connu.
- le lot 62 réservé à la gendarmerie qui finalement a été construite sur le lot 17, près de l'hôtel des impôts que nous connaissions. Plus tard ce bâtiment sera transformé en classes que certains d'entre nous ont fréquentées et la gendarmerie sera reconstruite entre les lots 41 et 84..
- le lot 63 réservé à l'église, au même emplacement que nous avons connu.
- le lot 65 réservé à un lavoir et un abreuvoir correspond à l'emplacement de la gare
- sur le lot 67 affecté à l'Etat pour les Ponts et Chaussées a été installée la maison cantonnière, qui plus tard sera remplacée par le palais de Justice.
- le lot 68 réservé au bivouac des troupes correspond au stade de foot sur lequel nous disputions nos critériums

Nico et Emmanuel Bassetti ne se doutaient sûrement pas que moins d'un mois plus tard, un sombre destin viendrait balayer leurs projets et tenter d'anéantir l'avenir en marche.
C'est dans la gendarmerie, le presbytère et la maison cantonnière que se barricadèrent nos valeureux colons à 6 heures du matin le jeudi 20 avril 1871. Ils étaient une centaine et résistèrent à l'assaut de près de 1500 assaillants. Les maisons des alentours avaient été saccagées, puis celles du village. C'est au point du jour le 21 avril que fut donné l'assaut. Les assiégés de la gendarmerie et du presbytère sont écrasés par le nombre et massacrés en quelques instants. La maison cantonnière dans laquelle certains miraculés du premier carnage avaient pu se réfugier était en feu, les assiégés s'étaient réfugiés sur la terrasse avant que l'échelle de meunier ne

s'embrase. Entassés à 45 sur un espace de quelques mètres carrés, sous le soleil et au-dessus des flammes ils se rendent : 9 hommes *(dont un certain Jacobi Trentini originaire de Lago dans le Trentin)*, 20 femmes et 11 enfants furent emmenés par les assaillants.

C'est par la lettre d'une prisonnière, rapportée par un ancien chaouch[4], qu'on avait libéré de prison pour la cause, que l'on sut le 9 mai, qu'ils avaient été recueillis par le caïd Saïd des Beni-Khalfoun. Etaient-ils otages ou prisonniers ? Ils ne furent libérés et remis au général Cérez que le 13 mai après la mort au combat du bachaga Mokrani, le 5 mai, près de l'oued Soufflat[5]

ALGERIE. — Vue du village de Palestro au moment de l'incendie. — (D'après le croquis de M. Maierre.)

Sur les 108 habitants européens du village :

- 50 y perdirent la vie dont 20 français, 15 italiens *(3 de Lasino : les 2 frères Bassetti et Antoine Christe neveu ou cousin de Nico)*, 10 suisses et 5 espagnols.
- 42 furent faits prisonniers
- 16 réussirent à s'enfuir isolément

---

4 *Huissier, appariteur*

5 *Affluent qui rejoint l'oued Isser le long de la RN 5 entre Thiers et Laperrine*

A partir des actes de décès on dénombrera :
- 2 enfants - 1 curé - 9 maçons - 5 gendarmes - 5 journaliers - 4 cultivateurs - 4 sans profession - 3 entrepreneurs - 2 cantonniers - 2 briquetiers - 2 forgerons - 1 menuisier - 1 peintre - 1 mineur - 1 charretier - 1 épicier - 1 facteur - 1 cafetier - 1 cordonnier - 1 domestique - 1 garçon de café - 1 garçon d'écurie.

Dans son rapport daté du 27 avril, le colonel Fourchault écrivait « J'ai l'honneur de vous rendre compte ci-après de la manière dont j'ai accompli la mission dont vous m'avez chargé par dépêche télégraphique du 23 de ce mois *(ordre du général Lallemand).*

Je suis parti de l'Alma vers 8 h 30 du soir, trois heures après avoir reçu vos ordres. Ma petite colonne se composait de 300 zouaves, 300 tirailleurs indigènes, une section d'artillerie, quelques hommes du génie avec un mulet d'outils, une ambulance légère, 15 mulets de cacolet, un peloton de chasseurs d'Afrique et un demi-peloton de spahis…

… Nous arrivâmes vers 1 heure de l'après-midi dans le lit de l'Isser où nous passâmes le gué voisin de l'ancien pont. Je poussai aussitôt en avant sur la route, à droite sur les collines dominantes, à gauche le long des berges de la rivière, un certain nombre d'éclaireurs d'infanterie et de spahis. La présence de l'ennemi n'ayant pas été signalée, je fis avancer ma colonne dès qu'elle eut effectué le passage de la rivière. Après un repos de quelques minutes, je continuai mon mouvement en avant.

Le village de Palestro, qui devait nous offrir, quelques instants plus tard, un horrible spectacle, déroula alors à nos yeux son rideau de maisons blanches, construites à peine depuis deux ans, sur un large plateau dont il occupe à peu près la position centrale. N'apercevant aucun indice d'animation, n'entendant ni cris ni coups de feu, je ne compris que trop l'inutilité de nos efforts. J'espérais cependant pouvoir saisir quelques-uns de ces atroces bandits et, comme je connaissais parfaitement la localité, je pus facilement prendre mes dispositions à ce sujet. Je donnai ordre aux spahis de cerner au galop le village par la gauche, et aux chasseurs d'Afrique par la droite ; puis, avec mon escorte, je me portai rapidement dessus par la route la plus courte ; ma colonne suivait d'un pas relativement accéléré malgré la grande chaleur. Aucun coup de feu ne nous accueillit, aucune voix ne se fit entendre, le silence le plus complet, le silence de la mort ! Le massacre était accompli et nous nous aperçûmes tout d'un coup que nos chevaux effrayés marchaient au milieu des cadavres de nos malheureux colons. La plupart étaient complètement dépouillés de leurs vêtements, couverts de plaies et de meurtrissures et déjà en décomposition.

Un pillard, qui n'avait pas eu le temps de s'enfuir à notre approche, fut rencontré au milieu de ces hideuses ruines. On en tira quelques renseignements et il fut passé par les armes.

Depuis trois jours, la lutte avait cessé, elle avait duré quarante-huit heures ; quarante-huit heures d'une résistance héroïque dont chaque maison portait les traces nombreuses. Plusieurs tribus avaient pris part au crime, les Ammal, les Beni-Khalfoun, les Beni-Maned, etc. Plusieurs maisons avaient été incendiées et dans l'une d'elles, qui servait de presbytère, se trouvaient deux cadavres carbonisés que l'on crut être les corps du capitaine de génie Auger *(le capitaine Auger était en réalité prisonnier chez les Beni-Khalfoun)* et du curé Mouginot.

Pendant que la cavalerie enveloppait Palestro et en éclairait les abords à une certaine distance, mes troupes s'y engageaient. Je fis former les faisceaux sur la place, je partageai les maisons pour y passer la nuit et je donnai immédiatement les ordres relatifs à l'établissement de mes grand'gardes.

Toutes les maisons présentaient le même spectacle : les meubles, la vaisselle, les ustensiles de toute sorte, les papiers, les livres, brisés, détruits, lacérés, étaient dispersés pêle-mêle jusque dans les rues. On compta 46 victimes gisant de tous côtés *(Quatre cadavres qui étaient sur la terrasse de la maison cantonnière échappèrent aux recherches ; ils ne furent découverts et inhumés que le 3 juin par la colonne du lieutenant-colonel Desandré)* ; il n'y avait que des hommes d'âge mûr. Les femmes, les enfants, les vieillards avaient sans doute été enlevés. J'ignore complètement ce qu'ils peuvent être devenus ; aucun renseignement n'a pu être donné à ce sujet.

Je fis distribuer une ration d'eau-de-vie à tout mon monde ; nous étions en marche depuis 17 heures et nous avions fait 14 lieues *(47 kilomètres)*.

Je songeai alors à rendre les derniers devoirs à tous mes pauvres morts. Je fis creuser sur la place et près de l'église une grande fosse commune et les y fis déposer. Il était près de 10 heures du soir quand cette lugubre et poignante cérémonie fut terminée. Tous les officiers et une partie des soldats y assistaient.

La nuit se passa sans événement. Des feux brillaient de toutes parts sur la montagne et je dus en conclure que je serais attaqué dès que je quitterais le pays ; aussi ai-je attendu la pointe du jour pour commencer mon mouvement de retraite. Deux coups de fusil furent seulement tirés vers 2 heures du matin aux avant-postes et je fis sonner le réveil pour tenir ma troupe prête à tout événement. Ayant renoncé par des raisons de prudence à revenir à l'Alma par le col des Beni-Aïcha, je remis ma colonne en route vers 5 heures par le même chemin que j'avais suivi la veille. »

(Dès qu'il eut franchi le gué au pont de Ben-Hini, la colonne se fit attaquer par de nombreux Kabyles embusqués, qui la harcelèrent jusque vers midi au col de Tamizirt)

Les responsables de cette insurrection passèrent en cour d'assises le 21 janvier 1873 :

- 8 furent condamnés à mort dont le caïd Saïd de Beni-Khalfoun chez qui les prisonniers avaient été hébergés
- 23 condamnés à la déportation
- 12 à 5 ans de prison
- 1 à 7 ans de prison

Les habitants du village demandèrent la grâce du caïd Saïd dont la peine fut commuée en déportation ainsi que celle de 4 autres condamnés, 3 furent exécutés dont le domestique de Nico.

Les premiers soulèvements insurrectionnels selon le colonel Robin[6] furent ceux du 22 janvier 1871 avec l'insoumission de spahis de plusieurs smalas sur la frontière tunisienne qui refusèrent de partir pour la France.

Les spahis révoltés entraînèrent avec eux 2 000 cavaliers indigènes et attaquèrent Souk-Arras. L'insurrection s'étendra à toute la Kabylie. Incapable de maintenir l'ordre, car l'Algérie était dépourvue de troupes parties pour la France depuis juillet 1870, l'administration ne put contenir l'agitation sans cesse grandissante, qui se transforma en révolte ouverte.

Autour de Palestro, celle-ci eut pour meneur le bachagha de la Medjana *(région de Bordj-bou-Arreridj),* Mokrani, chef d'une des plus illustres familles indigènes et fidèle serviteur de la France dès 1830. Sentant sa situation menacée par l'abandon de la politique du « Royaume arabe » de Napoléon III et l'avènement de la troisième république, Mokrani s'allia le concours du vieux Cheikh-el-Haddad de Seddouk près d'Akbou grand maître de la confrérie religieuse des Rahmaniya, très influente en Kabylie et souleva les tribus au moment où la guerre civile de la Commune venait d'éclater à Paris.

La réaction de l'armée fut rapide et violente et fin 1871 l'ordre était pratiquement rétabli. La répression fut sévère, moins dans les condamnations que par le poids de la contribution de guerre exigée et les séquestres de terres prononcés. Cet événement devait porter un coup mortel à la "féodalité" indigène, et marquer l'armée, qui en sera la grande perdante au profit du régime civil qui allait servir de tremplin au développement de la colonisation.

---

6 « *L'insurrection de la Grande Kabylie* » *du colonel Robin ancien directeur des affaires arabes de la division d'Alger, membre résidant de l'académie de Nîmes.*

Les déportés purgèrent leur peine en Nouvelle Calédonie.

Après la révolte des Kanak de 1878, la vallée de Nessadiou[7], fut affectée par l'administration pénitentiaire française à des concessionnaires pénaux de toutes origines dont quelques Kabyles. La vie ne devait pas y être facile mais certains réussirent à y faire souche.

Au cours de sa visite sur l'archipel en mars 2007, Monsieur Azouz Begag (*ministre de l'égalité des chances*), leur disait « J'aime me retrouver à l'autre bout du monde avec vous, c'est cela la France, cet incroyable pays, cette incroyable histoire qui fait que je retrouve ici des bouts d'Algérie ».

Le plus célèbre de ces exilés, Monsieur Jean-Pierre Aïfa, surnommé le Calife, maire de Bourail de 1977 à 2001 et depuis 2008, lui répondait « Exilés de leurs terres souvent données à des colons, les voilà concessionnaires sur des terres prises à des tribus. Pour eux l'histoire s'est inversée : la colonisation qu'ils subissaient en Algérie, c'est à leur tour, souvent malgré eux, d'en devenir les agents, non pas pour en vivre mais pour en survivre ».

Le cimetière du col de Nessadiou au sud de Bourail est surnommé « le cimetière des Arabes », une rue de Nouméa porte le nom de « Palestro ».

Les Pieds-noirs, ces « Bernés de l'Histoire », exilés dans leurs pays d'origine, ne concentrent-ils pas avec « ces Kanaks malgré eux », toutes les contradictions de notre Histoire ?

––––––––––

––––––––––

7 *Province Sud de la Nouvelle Calédonie*

Palestro renaît de ses cendres.

Palestro est détaché de la commune mixte de Dra-el-Mizan

Le 6 juillet 1871, Palestro devient le chef-lieu d'un district dépendant de la subdivision de Dellys, comprenant les douars-communes :

- la tribu des Beni-Khalfoun
- le douar-commune des Ammal
- le douar-commune de l'oued Medjkan
- le douar-commune des Beni-Mekla
- le douar-commune des Rouafa

Ce district sera provisoirement administré par un officier qui correspondra directement avec le Gouvernement Général Civil. Pour diriger ce district, seront nommés : un administrateur Mr. le capitaine du Génie Auger *(qui avait échappé au massacre)* et son adjoint Mr. Le lieutenant Valentin du 4ème de Zouaves. Avec le douar des Ammal annexé à Palestro ils seront administrés ultérieurement par un maire européen et un conseil municipal composé d'européens et d'indigènes.

Les quatre autres douars seront administrés par une djemâa[8] élue mais il n'y aura pas d'Amin ni de Ouléma.

Cette organisation devait être transitoire en attendant que Palestro soit érigé en commune de plein exercice et placé sous le régime civil, dès que la densité de population européenne le permettrait.

---

8 Suite à l'insurrection de 1871, les institutions de 1857 étaient remises en cause et les prérogatives des familles de l'aristocratie guerrière réduites. Les « djemaa » (assemblée administrant un village ou une tribu) perdaient de leur autonomie. « L'Amin » présidait la djemaa, l' « Amin-el-ouléma » était un secrétaire rémunéré servant de médiateur avec l'administration française. (Dans le langage berbère « Amin » signifierait « ainsi soit-il » très proche de « Amen » qui est adopté par le judaïsme, la liturgie chrétienne et par l'islam comme formule de conclusion de prières).

Un acte administratif post-mortem publié le 23 novembre 1871, au bureau des hypothèques d'Alger, concédait à Mr. Marcelin Mayoral, le lot rural 14 et d'autres lots, moyennant le prix de 150 francs, conformément aux conditions fixées par le Gouverneur Général de l'Algérie en décembre 1869 pour les actes de vente aux colons déjà installés au titre de locataires à Ben-Hini et qui ont fait preuve de la résolution de s'y fixer.

Mr Marcelin Mayoral ayant péri au cours de ce drame, il est vraisemblable que les mêmes actes administratifs post-mortem aient été établis pour chacune des victimes concessionnaires des lots prévus au recensement du 23 mars 1871 et répondant à ces conditions.

Une commission de colonisation propose le 22 février 1872 un nouveau plan du village. Sur ce document apparaissent le village dans son étendue primitive et les propositions d'agrandissement sur les séquestres prononcés à l'encontre de la tribu des Beni-Khalfoun en contribution de guerre suite à l'insurrection de 1871.

Plusieurs lots sont attribués aux Alsaciens-Lorrains qui avaient opté pour la nationalité française au titre de la loi du 16 octobre 1871, sur certaines des 52 concessions nouvellement créées sur l'extension du village du 22 février 1872. Logées sous des tentes à leur arrivée, en décembre 1872, ces familles habitaient des maisonnettes-gourbis, deux célibataires avaient entrepris la création d'une briqueterie.

C'est à cette époque que Mr Becker père et ses deux fils Jean et Emile émigrèrent à Palestro. Le 3 juin, Mr Achille Cibot, faisant fonction de maire, fournissait à l'administration l'appréciation suivante : «… les deux frères Becker associés à Mr. Neunlitz ont beaucoup travaillé mais l'épidémie qui n'a cessé de régner depuis quatre mois à Palestro les a atteints comme les autres, de sorte que les maladies leurs ont fait perdre le fruit de leur travail. Ces messieurs, de plus, ont engagé pas mal de leurs ressources dans une briqueterie qui n'a encore rien produit, car les matériaux qu'ils ont livrés aux habitants de Palestro ne leur ont pas encore été remboursés ».

- à Emile, le plus jeune *(il avait 24 ans),* furent attribués en mars 1872, le lot urbain 86 et les lots ruraux 9 et 10 *(c'est sur ces lots que les familles Servat et Bénéjean périrent au cours de l'horrible massacre du 9 mars 1956).*

- à Jean, le cadet, on attribuera le lot urbain 97 et le lot rural 71. Le lot 97 faisait face à la fontaine abreuvoir située au carrefour entre la RN 5, la route de Hazama (d'où venait la conduite d'eau qui alimentait le village) et la rue qui menait au bordj[9] et chez Paul Bonzom qui s'en rappelle et tenait à être présent pour cette journée du souvenir à Lasino. Cette fontaine existait encore en 2006, elle était appelée « Sarij Bikir » *(fontaine Becker)*

Après bien des tracasseries administratives, les baux de location pour 9 ans des deux frères furent signés en avril 1875 puis transformés en titre définitif en 1879.

La commission de contrôle préalable à l'attribution du titre de propriété avait constaté le 7 janvier 1876, que les travaux prévus aux clauses et conditions du bail de location des lots 9 et 10 d'Emile, avaient bien été réalisés, il avait investi 15 398 francs qui se décomposaient :

-   35 hectares défrichés, soit 5500 francs
-   plantation de 1,5 hectare de vigne, soit 1500 francs
-   plantation de 1000 eucalyptus, soit 400 francs
-   constructions une maison d'habitation avec four, hangar, puits et murs d'enceinte, soit 7998 francs

À son arrivée Emile avait reçu des avances qu'il devait rembourser et estimées à 820 francs :

---

9 Petite citadelle où siégeait la commune-mixte et son administrateur *(lots 133 à 140 sur le plan)*

- une paire de bœufs à 451 francs
- 1 charrue et 1/3 de herse qu'il partageait avec 2 autres concessionnaires à 79 francs
- 400 kilos de blé et 400 kilos d'orge à 290 francs

Pour replacer ces chiffres dans leur contexte, en septembre 1873 :

1 Kg pommes de terre	*0.25 F*	*Ouvrier agricole/jour*	*3.00 F*
1 Kg de pain coutait	*0.50 F*	*Un maçon, menuisier*	*5.50 F*
1 Kg de viande	*1.60 F*	*Un briquetier par jour*	*6.50 F*

Le 1er mars 1875, **Palestro** comptait sur son territoire 10 familles alsaciennes soit 25 individus.

Parmi elles :

- Charles Finck et son épouse Marie-Madeleine Naegelen originaires de Hagenbach (68210) arrière-grands-parents de Pierre-Yves Chatenay. Contraints à traverser à gué l'oued Isser pour rejoindre leur ferme, ils étaient bloqués quand il était en crue et inondait la plaine de la RN 5 jusqu'à la ferme Garbiès. Ils construisirent le pont suspendu que nous avons tous connu et au pied duquel nous nous baignions l'été. Plus tard ce pont leur fut racheté pour devenir public et plus tard encore il sera détruit.

- Ignace Reïn arrivé de Hagenbach (Haut-Rhin), comme la famille Finck.

- Pierre Lorentz qui venait aussi de Hagenbach.

- Eugène Briswalter arrivé de Dannemarie (Haut-Rhin), comme la famille Becker.

- Famille Strub forgerons au village. Ils venaient de Meistratzheim (Bas-Rhin). Nous nous souvenons tous du bruit du marteau sur l'enclume, du va-et-vient du soufflet sur les braises ou de l'odeur dégageait par le fer rouge quand ils l'ajustaient sur le sabot d'un cheval.

- Joseph Winum venait d'Ingwiller (Bas-Rhin). Son fils Albert-Louis né à Ménerville était le père de Lucie qui épousera Vincent

Morell, les parents de notre ami Jean-Jacques Morell venu avec nous se recueillir à Lasino.

Le frère de Lucie, Marcel Winum, tenait le « Café de la Victoire » et quelques chambres, en face de la station d'essence de Vincent Morell. On ne peut pas s'empêcher de faire le rapprochement avec la maison servant d'hôtel et les écuries qu'avait bâties Nico, au même emplacement, sur le lot 36.

Le frère d'Albert-Louis, Wilfrid Winum et son épouse étaient responsables de la poste du village, leur fille Lorette devenue Mme Montlibert prendra le relais.

Arrivaient aussi des allemands et des Polonais

Parmi eux une certaine Henriette Veuve Keller de Schleitheim, mère d'Hippolyte, l'arrière-grand-père de Christian, Jean et Louis de Keller *(comme on les appelait là-bas, ces descendants d'une noble famille de Schaffhouse, près du lac de Constance).*

Opuscule de propagande

- Hippolyte était né en 1852 à Wroclaw en Pologne *(ex-Breslau allemande).* Il avait deux ans au décès de son père et 20 quand sa mère remariée obtint un bail pour une concession à Rébeval près de Dellys.

En 1883, il épouse Léontine Isnard qui donnera naissance à Paul Keller de Schleitheim en 1884. Ils divorcent en 1894 et Hyppolyte rejoindra sa mère retournée à Dresde suite au décès de son deuxième époux.

- Paul, né d'un père allemand et d'une mère française, opta à sa majorité en 1904, avec le consentement de ses parents, pour la nationalité française. Il épousera en 1910, une belle italienne originaire de l'ile d'Elbe, Marie Pagni.

- Jean, le fils ainé de Paul, naquit à Dellys en 1912. Il arrivera à Palestro en 1935 où il épousera en 1940, Marguerite Gander, une belle alsacienne née à Bordj-bou-Arréridj.

Ils seront d'abord locataires de Mr. Ladjouzi *(interprète au tribunal, membre du conseil municipal, il était connu pour ses positions indépendantistes).*

Après la succession de Louis Gander *(le père de Marguerite),* ils achèteront la maison construite par les Nicollet sur le lot 125 du plan de 1874.

Nous avons tous connu Jean de Keller et la carrière d'où on extrayait pour les Chemins de Fer Algériens *(S.N.C.F.A.),* la pierre nécessaire au ballast des voies ferrées, ce trou béant creusé dans les gorges de l'Isser, où il dirigeait une quinzaine d'ouvriers venus des douars d'en face, de Guergour ou des Ouled-Dahmane. Qui n'a pas été retardé quand la circulation de la RN 5 devait être interrompue le temps de mettre le « feu aux poudres » pour extraire la pierre des falaises de cette carrière. Les gorges tremblaient de partout, il pleuvait des pierres quand ce n'était pas des blocs. Il leur fallait ensuite vérifier qu'aucun désordre n'ait été occasionné au pont, qu'un inconscient avait construit sous la carrière (à moins que ce ne soit la carrière qui ait été ouverte trop près du pont) et lever les barrages pour laisser le voyageur reprendre sa route.

J'éprouve encore ce plaisir d'accompagner mon père dans ces gorges, au pied de ces falaises sur le chantier de la carrière. Une récompense que nous attendions chacun notre tour : nous étions trois frères, il n'y avait qu'une place sur sa moto.

Sur le siège arrière de la "Matchless", cramponné à mon père, une vraie expédition pour atteindre ce terrain d'aventures. J'aimais y retrouver un singe apprivoisé qu'on appelait "Messaoud", ne me demandez pas pourquoi ni ce qu'il est devenu. Les habitants des Ben Dahmane ou de Guergour le savent peut-être ?

Piéger un lézard, dénicher un pigeon, découvrir une grotte même si ce n'était qu'une anfractuosité, me rafraîchir à une source où l'eau chantait sans jamais tarir, ou tout simplement me reposer entre des murs de pierre pleins d'ombre, sous des berceaux de verdure. Quand aujourd'hui les parents se bousculent sur un trottoir goudronné pour accompagner leur enfant à la porte de l'école, alors oui, nous étions des privilégiés, cet environnement était notre royaume.

Palestro devient une commune-mixte distincte de celle de Dra-el-Mizan, suite à un arrêté du 26 décembre 1872, prescrivant l'établissement du plan définitif de la commune mixte et fixant à sept le nombre de membres de la commission municipale.

La commune-mixte comprend 3 centres de peuplement (Beni-Amran, Thiers, Laperrine) et 11 douars (Ammal, Beni-Khalfoun, Beni-Maaned, Bouderbala, Boukeram, Draa-Barouta, El-Isseri, Guerrouma, Harchaoua, Khachna, Maala). Pour une superficie totale de 63 854 hectares, conformément aux opérations du Sénatus-Consulte de 1863.

L'administration française procède au tirage au sort des lots disponibles dans la zone de Bou-Hamoud, à l'Est du village le 26 mars 1874.

Parmi les 5 candidats dont l'ordre avait été préalablement tiré au sort, le premier, Mr Wolski Cazimir extrayait de l'urne le lot n° 3, Mr Bourelly le lot n°7, Mme Vve Dick le lot n° 6, Mr Audoul le lot n° 9, restait à Mme et Mr Pons le lot n° 8.

- Wolski Cazimir était né en 1825 à Luck en Pologne et avait épousé, à Oued-el-Alleug *(commune de Blida)*, Mme Cocquoz Adèle née en 1836 dans le canton du Vallais en Suisse. Ils eurent un enfant Wolski Casimir, né en 1861 au col de Ben-Aïcha, section de l'Alma. Cazimir *(père)*, décédera à Bou-Hamoud en 1879.

Albert Jules Marsot, son épouse Jeanne Villalonga tenant dans ses bras. Alfred, leur dernier né, posant sur un chantier

- Jules-Albert Marsot, né en 1854 à Bône en Algérie *(son père y était meunier au moulin "Labaille")* épousera Sara Vuillemenot née en 1863 à Granges le Bourg (70400). Le 13/12/1882 à Etrappes dans le Doubs, naîtra Albert-Jules Marsot, le grand-père d'Albert Marsot, toujours présent pour témoigner et honorer nos colons, il se devait d'être à Lasino.

Jules-Albert, était instituteur dans le village d'Etrapes, il disparut en 1883. Sa veuve Sara Vuillemenot et toute sa famille, père, mère, frères, sœurs, et l'enfant d'un an, repartirent en Algérie, dans la région de Palestro. Le père, Victor Vuillemenot, petit entrepreneur de travaux publics, espérait y trouver du travail.

La tradition familiale raconte que Sara Vuillemenot a été la première institutrice du village et que l'armée lui aurait donné un lot de planches pour y construire l'école.

Elle y vivra jusqu'en 1927 en compagnie de Wolski Casimir qui était surveillant de travaux.

Albert-Jules a grandi au village. Il a débuté comme apprenti maçon chez Mr Joseph Falguières qui lui a transmis son entreprise quand il eut 25 ans. Il agrandit l'entreprise dans le domaine des travaux publics et du transport. Il a construit de nombreuses maisons du village, la mosquée, restauré le bordj (siège de la Commune-mixte). Il a aussi réalisé de nombreuses routes desservant les douars et notamment celle menant au Tigremount.

Le 25 février 1879, la commune de plein-exercice[10] **de Palestro est créée** par prélèvement sur le territoire de la commune-mixte[11] du même nom *(existante depuis 1873),* par décret du gouverneur Général Grévy. Emile Becker arrivé en 1872 en sera d'abord conseiller, puis adjoint et maire de 1879 à 1886, date à laquelle il quittera Palestro pour s'installer à Bouïra. Son frère Jean, nommé chevalier du mérite agricole le 16 juillet 1887, lui succédera en tant que conseiller, adjoint et maire jusqu'à sa mort en 1896. Jean eut une nombreuse famille, cinq garçons et deux filles tous nés à Palestro. Le second de ses fils, René, prit la succession de son père et à son tour devint conseiller, adjoint et maire à partir de 1904 ; il l'était encore pour le centenaire de la présence française en Algérie en 1930.

---

10 *Une commune de plein-exercice fonctionnait comme une commune de métropole, avec la même organisation et les mêmes attributions.*
11 *La commune-mixte de Palestro créée par arrêté du 26 décembre 1872, agrandie par arrêté du 23 avril 1875, était composée des douars de, Ammal, Beni-Khalfoun, Bouderbala, Guerrouma, Harchaoua, Isseri, Khachna, Mâala, Moshaba, Senhadja, et des centres de peuplement de Beni-Amran, Laperrine (ex Ben-Haroun) et Thiers. Elle sera supprimée par arrêté du 8 novembre 1956 pour devenir une Sous-préfecture.*

Sur l'annuaire touristique de l'Algérie de 1880 était écrit

Les gorges de Palestro attirent de nombreux touristes dans cette localité. Un monument commémoratif, où reposent les restes des colons massacrés pendant l'insurrection de 1871, a été élevé sur la place de ce village, ce monument est dû au ciseau de M. Rambaud, marbrier sculpteur à Alger ...

Figuraient sur cet annuaire :

- Maire : Micoud Ferdinand.
- Adjoint : Becker Emile.
- Conseillers municipaux : Satre, Bernard, Dauvergne, Archinard, Finck, Azeau, Mari, Hadj Mouhouche, Hamida ben Madani, Smaïl ben Dermich
- Agriculteurs : Tous les membres du Conseil et Oury et Bourelly Antoine.
- Aubergistes : Archniard, Débernardi, Fuentès, Bessiôre, Marinelli.
- Boulangers : Mari, Almunéa
- Charrons-forgerons : Jouffret frères, Dauvergne Antoine.
- Coiffeur : Barberis.
- Epiciers : Bourelli, Mari, Gonzalès, Baudui, Noguès, Giraud, Zara.
- Hôtels : Beaud, Dôbernardi.
- Minotiers *(présumé)* : Dauvergne Jules.
- Banquiers : Becker frères.
- Négoc. de vins en gros : Micoud Ferdinand
- Usines-briqueteries : Dauvergne Jules, Oury.

Création de l'Etat civil

L'extension des territoires civils *(communes de plein-exercice)*, incorporant des douars jusque-là rattachés aux bureaux arabes, rapprochait l'administration de l'Algérie de celle de la France et la population indigène des centres de peuplement

Il n'existait pas d'état civil avant 1830. La plupart des mariages n'étaient pas contractés devant un cadi[12]. Les mariages, les naissances et les décès n'étaient pas enregistrés, le nom patronymique n'existait pas. Le garçon était appelé Ali ben *(fils de)* Mohammed … et la fille bent *(fille de)* … C'est la loi de 23 mars 1882 qui institua l'état civil de la génération existante et qui permit sa maintenance par la création de registres.

Des commissaires spéciaux établirent l'arbre généalogique de chaque famille avec un nom laissé au choix du chef de famille et l'âge approximatif de chaque membre. Les premières cartes d'identité furent ainsi créées.

Les statuts de la Société Indigène de Prévoyance (S.I.P.) et de Crédit Agricole de la commune mixte de Palestro étaient soumis à l'approbation de Mr. le Préfet en 1882. Le conseil d'administration était présidé par l'administrateur de la commune mixte et composé de deux membres désignés par la djemâa de chaque douar-commune, l'adjoint à l'administrateur, un secrétaire, et le receveur des contributions diverses faisant fonction de receveur municipal de la commune mixte. *(Le père de notre regrettée amie Odile Mussy en était cadre)*

L'eau de Ben-Haroun

Auguste Prengrueber a été médecin de colonisation à Palestro de 1877 à 1904, son épouse Mathile Hausseguy y était institutrice *(elle décèdera au village, le 11avril 1934)*.

En 1883 il écrivait : « …arrivés sur l'emplacement des sources minérales (Alt.568), on surplombe une vaste dépression de terrain qui fut autrefois un lac pestilentiel, asséché depuis par les soins de l'administration. A cet endroit, le Djurdjura forme un paysage d'un

---

11 *Juge musulman qui remplit à la fois les fonctions civiles et religieuses.*

cadre unique dans son genre, par son altitude, ses crêtes capricieusement découpées, son aspect imposant et dénudé à la fois, ses neiges presque perpétuelles, qui produisent une impression qu'il est difficile d'oublier. A 600 m de là, près de la kouba[13] d'un marabout d'origine marocaine … ».

C'est là que, le Dr Berthrand, médecin major, envoyé en mission dans le douar Harchaoua, aidé des indigènes de son escorte, redécouvrait près de la kouba vers 1850, plusieurs sources gazeuses ayant une faible saveur ferrugineuse. Ces sources connues et utilisées de tout temps par les indigènes se trouvaient groupées sur un petit espace de terrain à peine accessible à cause des joncs et des broussailles qui l'encombraient. Dès sa première visite, il entrevit l'importance que pouvaient avoir ces sources minérales en thérapeutique et les services qu'elles pourraient rendre aux colons et à l'armée dans les maladies propres au climat d'Algérie. Il s'empressa de signaler cette précieuse découverte aux autorités de la colonie. Quand il fut désigné pour diriger le service médical de l'expédition militaire de la Haute Kabylie, il annexa un sanatorium au camp stratégique de Ben Haroun. L'Etat concéda en 1883 l'exploitation de ces sources à M. Guiganti qui ne put réaliser les travaux nécessaires au captage des eaux qui émergeaient. La concession fut reprise en 1896 par Mr Lacombe qui en fera une eau minérale courante consommée dans toute l'Algérie.

Nous avons tous connu le dépôt de ces bouteilles chez Mr Llorens sur la route de Fondouk par le col du Bouzegza. Nous avons tous vu un jour, une de leurs affiches ou un de leurs cendriers verts que l'on reconnaissait à la tête de lion qui en ornait le fond.

---

13 *Édifice blanchi à la chaux, tombeau d'un personnage vénéré*

Ignace Gander s'engagera dans la Légion étrangère le 26 novembre 1884, comme Nico l'avait fait quelques années plus tôt. Né en 1866 à Hégeney dans le Bas-Rhin, fils de petits paysans qui n'avaient pas eu les moyens « d'opter » il était devenu sujet allemand. Il débarquera à Sidi-Bel-Abbès et retrouvera sa nationalité française cinq ans plus tard. Il quittera la Légion et s'installera comme épicier à Beni-Mered dans l'Algérois. Il formulera une demande de concession agricole en 1892 qu'il obtiendra à Bordj-Bou-Arreridj, en 1893. Sa famille, ses parents, sa sœur et ses trois frères le rejoindront. Suite à des problèmes d'attribution des terres ils ne purent s'y installer qu'en 1894. Ils étaient 9 sur cette concession car Ignace s'était marié à Eugénie et avait eu un fils. Sa sœur Catherine et ses frères Joseph, Louis, Aloïs, seront naturalisés en 1894, les parents Joseph et Marguerite ne le seront qu'en 1896.

Joseph Gonzalves et son épouse Isabelle Ferrer vendaient le 4 septembre 1919, à Louis Gander et son épouse Félise Bovet *(les grands-parents d'Albert Marsot et de Christian et Louis de Keller)*, les lots 34 et 35 situés en contrebas du cimetière dans une boucle de l'oued Isser. De l'autre côté de l'oued, vers l'Est, se trouvait le lot 71 appartenant à Jean Becker *(Louis Gander deviendra l'adjoint au maire de René Becker à partir de 1921).*

Mr. Gonzalves, fabricant de papier, avait construit une usine à papier dont l'énergie était produite par une roue à aubes mue par l'eau de l'Isser, déviée par un canal de dérivation. Louis Gander y perdra la vie en 1939 en voulant débrayer la courroie de transmission qui entraînait le broyeur de pâte à papier.
Sa veuve Félise Bovet était née le 22 octobre 1886 à El-Anasser, dans la commune-mixte de Bordj-bou-Arréridj.
Sous Napoléon III, d'immenses domaines furent créés par des sociétés de capitaux venus d'Europe. 20.000 hectares avaient été concédés à la « Société Genevoise de Colonisation », sur les plateaux algériens dans la région de Sétif, sous condition de créer 50 villages de 50 foyers chacun. Faute de postulants pour remplir

son contrat cette Société a recruté des candidats notamment en Suisse.

Les généreux villages suisses avaient rémunéré le voyage, les animaux et les graines nécessaires à l'installation des familles en difficulté, parmi lesquelles les «Bovet» partis de Arnex dans le Canton de Vaud, ils atterrirent à El-Anasser.

Trois générations de Pieds-noirs sur la terrasse de la ferme Gander :
Eugénie Bovet née Chappuis, ses filles Félise au centre un sac en
bandoulière, sa sœur Anna à sa gauche, assis les enfants de Félise :
Louisette, Marguerite et Edouard sur les genoux de l'aïeul Joseph Gander,
au sol les enfants de Anna Bovet épouse Mouyeaux : Ghislaine et Yvette

A l'âge de onze ans, Félise était employée de maison dans une famille de transporteurs du côté de Bougie. D'origine protestante, elle s'était convertie au catholicisme à son mariage avec Louis. Toujours à l'œuvre, je ne l'ai jamais vu se plaindre. C'est elle qui nous a appris que le pain était un symbole de nourriture essentielle à la vie, le gâcher ou le jeter était interdit. Nous le conservions pour les « mesquines » (*mendiants*) qui erraient de maison en maison en sollicitant la charité et à qui nous devions sous aucun prétexte manquer de respect.

Les héritiers Orts vendaient à Mr et Mme Louis Gander, le 17 décembre 1921, le lot 14 situé à l'ouest de la boucle de l'oued qui entourait leur propriété, ils détenaient ce lot en tant qu'héritiers de Marcelin Mayoral victime, comme Nico, du carnage de 1871. Ce lot avait pour voisin à l'ouest le lot 13 appartenant à la famille Lhérideau, les beaux-parents de la fille de Nico Domenica Bassetti. *(Le grand-père était, sans le savoir, voisin de Dominique par la briqueterie au nord et de la fille Domenica à l'ouest).*

Le train arrivait à Palestro le premier juin 1885.

Mr Camille Auguste Fary était nommé chef de gare en 1886. La route nationale 5, reliant Alger à Constantine, traversait déjà Palestro. Comme tout progrès, ces liaisons essentielles au développement du pays causeront la ruine des colporteurs indigènes.

Des travaux de géants.

Entre deux murailles de rochers souvent à pic, au fond desquelles coulait l'Isser, un site sauvage et verdoyant. La nature cédait à la colonisation

Partout chantiers, baraquements, tranchées, remblais.

Partout des équipes d'ouvriers, pioche à la main, attaquaient la terre vierge, fouillaient ses entrailles. Des italiens, des espagnols, des français travaillaient de concert avec des indigènes venus parfois de bien loin. Des tunnels étaient percés dans le calcaire, sur la rive droite de l'Isser pour le train, sur la gauche pour la route. On entendait l'explosion des mines qui arrachaient la pierre à la montagne, le roulement assourdissant qui suivait quand elle dégringolait vers la rivière et que l'écho amplifiait. Des ponts étaient jetés.

Au milieu de tout ce monde, on aurait pu rencontrer :

- Vincent Py, originaire des Pyrénées-Orientales. Il transportait des moellons sur sa "traille"[14] pour franchir l'Isser.

- Vincent Ferrer, « Cento » comme l'appelaient les indigènes, qui travaillait à la pose de la voie ferrée avant que ne lui soient attribués les lots 29 et 30 situés dans un boucle de l'Isser, entre la ferme Chatenay, la voie ferrée et le chemin des Zouatana. C'était

14 Bac solidaire d'un câble tendu d'une rive à l'autre.

l'arrière-grand-père de notre ami Paul Bonzom, il était originaire de la province d'Alicante en Espagne.

- Laurent Coste, chef cantonnier époux de Joséphine Borell, grands-parents de Colette, Jeanjean et Gilbert qui n'ont pu participer à la cérémonie d'inauguration du monument de Lasino mais n'ont rien oublié. Leur grand-père était aussi originaire de la province d'Alicante en Espagne.

- Joseph Vincent Ripoll, journalier décédé en 1881, fils de Joseph Ripoll, originaire de Tarbena dans la province d'Alicante en Espagne et de Claire Ferrer *(peut-être la sœur de Vincent Ferrer ci-dessus)*, époux de Rita Solivéres. Leur fille Vincente-Henriette Ripoll née en 1868, épousera en 1890 Marcelin Mayoral né en 1858. Ce Marcelin *(2ème du nom)* était le fils de Marcelin Mayoral, compagnon d'infortune de Nico avec lequel il périt le 21 avril 1871. Vincente-Henriette décèdera en 1962 à l'âge de 94 ans et sera l'une des dernières défuntes du village. Une famille qui aura vécu de bout en bout notre histoire.

Le décret du 18 janvier 1886 organise la Justice de paix.

Le décret du 12 décembre 1908 viendra compléter ceux du 29 août 1874, 13 décembre 1879 et 8 avril 1882 relatifs à l'organisation de la justice musulmane en Algérie.

« Art. 1er. Dans les arrondissements de Bougie et de Tizi-Ouzou, ainsi que dans les justices de paix d'Aïn-Bessem, Bouira, Palestro et de Mansoura, les juges de paix connaissent[15], entre indigènes non naturalisés, Kabyles ou Arabes ou musulmans étrangers : en dernier ressort, des actions civiles, commerciales, mobilières et immobilières dont la valeur n'excède pas 500 francs en principal, en premier ressort, de toutes les actions d'une valeur indéterminée

---

15 *Sont en capacité de juger …*

ou supérieure à ce taux et de toutes les contestations relatives au statut personnel et aux successions.

Les litiges concernant les immeubles soumis au statut réel français continuent à être jugés par les tribunaux civils d'arrondissement.

Les dispositions du 29 décembre 1890 restent applicables aux Mozabites[16]. L'appel des jugements rendus en premier ressort par les juges de paix des circonscriptions judiciaires énumérées en l'article 1er est porté devant le tribunal civil de l'arrondissement ... »

Par-delà la Méditerranée

Ernest Fallot[17] écrivait en 1887 : « *... la place publique de Palestro reconstruite a servi de fosse commune à plus de cinquante victimes de ces dramatiques événements. Sur un socle de marbre blanc qui conserve leurs noms, la reconnaissance publique de l'Algérie a élevé une statue représentant un colon, le fusil à la main, les traits respirant une énergie farouche, qui défend une femme et un enfant. L'exécution de cette œuvre peut sembler un peu naïve ; elle n'en est pas moins un hommage bien mérité rendu à des héros et une leçon perpétuelle de courage et de patriotisme à l'usage de la jeune génération de la colonie.*

En face du monument se dresse la nouvelle église, relevée sur les fondements de l'ancienne. A quelques minutes de la place, au-dessus de la route, on voit encore la maison cantonnière où s'accomplit le dernier acte du drame. Elle aussi a été restaurée : c'est une petite maison blanche aux volets verts et au toit plat qu'entoure un jardin clos de murs.

En faisant le tour de cet humble logis, que rien ne signale à l'attention de l'étranger, je ne puis songer sans émotion aux vaillants qui luttèrent derrière ces faibles murailles et qui, par la

---

16 *Les Mozabites sont un groupe ethnique berbère vivant principalement dans la région du Mzab, au sud de l'Atlas saharien et quelques grandes villes algériennes.*
17 *Secrétaire de la société de géographie de Marseille.*

résistance qu'ils opposèrent pendant plusieurs jours aux tribus insurgées, sauvèrent peut-être Alger d'une catastrophe.

Palestro n'avait, en 1871, que six maisons en pierres qui furent incendiées par les Kabyles, et ne comptait pas plus de cent douze habitants, dont la moitié à peine survécut au désastre. Aujourd'hui, c'est un village en pleine prospérité, dont la population dépasse cinq cents Européens. Lorsque la voie du chemin de fer, dont j'ai admiré au retour les magnifiques travaux d'art, sera terminée, elle assurera à ce village, en communications rapides avec Constantine et Alger, un très bel avenir.

On est confondu d'admiration, quand on songe à ce qui a été fait dans ce pays depuis la chute de l'Empire.

Non seulement les ruines amoncelées par l'insurrection ont été relevées, mais les villages se sont agrandis, de nouveaux ont été créés, des fermes ont surgi de toutes parts, les champs cultivés remplacent partout les terrains vagues, et la locomotive ne tardera pas à donner une puissante impulsion à toutes les forces productives de la nature, ignorées il y a quelques années. Et pendant ce temps, il est encore de mode en France de dire et d'imprimer que le Français n'est pas colonisateur. Si ceux qui répètent sans cesse ce prétendu axiome économique désirent savoir ce qu'il renferme de vérité, je leur conseille d'aller visiter la vallée de l'Isser : ils reviendront convaincus qu'aucun peuple en dix ans n'a accompli de plus grandes choses en fait de colonisation».

En 1889, le service des mines publiait une notice recensant des gisements de plomb à :
- Nador-Chair, situé à 10 kilomètres ouest, 38° sud, de Palestro,
- à l'oued Arkoud, 8 kilomètres ouest, 26° nord de Palestro,
- à Tellat, situé à 3 kilomètres nord, 15° est du même endroit. (Ces trois gîtes étaient encore inexploités)
- à Coudiat-Rhiran et à l'oued Bordjia, situés à 7 kilomètres sud-ouest de Palestro.

- à Guerrouma du zinc, de la baryte et du cuivre *(15 kilomètres 5 ouest, 33" sud de Palestro)*. La concession avait été attribuée en 1880 à la Société des mines de Palestro qui employait 291 ouvriers sur ce site et en extraira 2202 tonnes de minerai en 1927.

En 1891, Pierre Lhérideau épouse Domenica Bassetti, fille de Dominique Bassetti et de Virginie Soldini *(sur le monument, Domenica était dans les bras de Mme. Bassetti, son frère était accroché au genou de Nico)*.

Nous pensons à vous Jeanne Vidal, vous à qui les affres du temps n'ont pas permis d'être avec nous. Vous les aviez connus, vous auriez pu nous parler d'eux. Fille d'un père tonnelier et d'une mère couturière, vous veniez de la Mitidja, cette plaine marécageuse que les colons avaient transformée en vignoble. Vous avez épousé Jean Vidal, un enfant de Palestro. Son frère François Vidal avait été chauffeur de locomotive à vapeur à la « Compagnie de l'Est Parisien ». Avant vous, au bord de cette RN 5, à l'entrée du village, où avec Jean vous aviez bâti votre maison, Emmanuel Bassetti, l'oncle de Domenica, construisait la sienne sur le lot 42. Une maison de trois pièces qu'il venait d'achever, avant d'être sauvagement assassiné et la maison brulée dans l'incendie du village, il avait 29 ans.

Le 4 juin 1897, Emile Broussais sollicitait du Conseil Municipal d'Alger une subvention au titre de participation aux dépenses nécessaires à la cérémonie de translation des cendres des victimes de l'insurrection de Palestro, sous le monument construit à cet effet. Cette demande sera complétée par une lettre de Monsieur Micoud, maire du village, agissant au nom du comité d'initiative présidé par Mr. Emile Broussais, fixant la cérémonie au 27 juin. Le Conseil Municipal d'Alger votait un crédit de trois cents francs.

Au moment où la briqueterie de Nico était pillée et incendiée, Louis Rinn rapportait que la ferme Broussais avait été saccagée dès le début de l'attaque des insurgés du jeudi 20 avril 1871, et qu'un gardien européen avait été emmené dans la montagne.

Cette ferme avait fait l'objet d'un bail emphytéotique de 99 ans, entre Monsieur Henry-Charles Broussais et le Gouvernement général de l'Algérie, pour l'exploitation de chêne-liège sur la concession n°1 de la forêt de Beni-Khalfoun, vers 1860.

(Henry-Charles était le petit-fils de François Broussais, membre de l'institut et de l'académie de médecine qui a donné son nom à un grand hôpital parisien, une famille originaire de Saint-Malo en Bretagne).

Le fils d'Henry-Charles, Emile Broussais, avocat au barreau d'Alger, fut conseiller général de Bordj-Ménaïel de 1886 jusqu'à sa mort à Palestro, le 7 février 1943, il avait 87 ans. En 1910 il entra à la Chambre des Députés en enlevant dès le premier tour de scrutin le siège de la deuxième circonscription d'Alger qu'il conservera durant deux législatures jusqu'en 1919. Marié en 1905 à Louise Gaido, née à San-Germano-Chisone dans le Piémont, ils eurent neuf enfants dont François Broussais également avocat.

L'épouse de François était pharmacienne au village. Cette pharmacie devint plus tard celle de Mr. Caupert, leur assistant Mr Hocine Amari sera le premier maire de Palestro quand nous dûmes fuir l'Algérie.

François et Angèle Broussais étaient les parents de notre amie Claudie, nous avons fréquenté les mêmes classes de Mme Louise Engel et de Mr. Albert Engel.

Elle était avec nous à Lasino. Elle se faisait un devoir de représenter son grand-père Emile qui était à l'origine de ce monument oublié.

Le 27 juin 1897, c'était un dimanche

Un train spécial avait amené Mr. le Gouverneur général de l'Algérie Jules Cambon, Mr. le général Yarloud représentant le Président de la République, Mr. Jeanmaire représentant le Ministre de l'Instruction publique, M. le colonel de Pommeyrac délégué par Mr le Ministre de la Guerre, les autorités et de nombreux invités, reçus par le maire Mr Micoud, les administrateurs et Mr Broussais président du comité d'initiative de l'inauguration du monument.

Mr. Broussais a prononcé un émouvant discours, il a rappelé l'épisode sanglant de l'insurrection de 1871, où tant de braves colons trouvèrent la mort et a terminé en adressant un adieu suprême aux hommes courageux dont les noms étaient gravés sur le monument funèbre

Ont suivi les hommages de Mr. Jules Cambon, de Mr le Commandant Saint-Martin officier en retraite qui rappelle qu'il a été le premier administrateur de la commune mixte de Palestro au lendemain de l'épouvantable massacre : tout était en ruines, Palestro était en cendres, il félicite les survivants du massacre et les fils des victimes d'avoir créé sur ce néant un centre des plus prospères. L'absoute est donnée par M. l'Abbé Cornud. Sur la place où des tentes avaient été dressées un banquet de 230 couverts réunissait les invités.

Au dessert, après l'allocution de Mr. Cambon, le capitaine du génie Auger qui se trouvait dans le presbytère le 20 avril 1871 retrace un historique des faits. Puis c'est le tour de Mr. Bassetti, fils de l'ancien maire assassiné, d'intervenir.

De nombreux indigènes venus des mechtas[18] voisines rejoignaient le nouveau village.

Les recensements des communes de plein-exercice et commune-mixte comprenant les centres européens de Beni-Amran, Thiers, Ben-Haroun (Laperrine) et ses 11 douars, faisaient état de :

- en 1897 :

Commune Plein-exercice (4930 ha)   Commune-Mixte (67734 ha)
382 européens   426 européens
2828 indigènes   39617 indigènes
82 étrangers   223 étrangers
Total :   3292 habitants   Total :   40266 habitants

- en 1902 :

Commune Plein-exercice   Commune-Mixte
442 européens   426 européens
3884 indigènes   41098 indigènes
222 étrangers   104 étrangers
Total :   4548 habitants   Total :   41628 habitants

_____

18 Hameaux

- en 1936 :

	Commune Plein-exercice	Commune-Mixte
	452 européens	209 européens
	?.. indigènes	54254 indigènes

- en 1954 :

	Commune Plein-exercice	Commune-Mixte
	445 européens	212 européens
	?.. indigènes	73595 indigènes

L'apogée de la population européenne de la commune de plein-exercice se situe vers 1886 avec un chiffre de 726 habitants.

Une infirmerie de 11 lits est ouverte le 1er octobre 1904.

Elle sera transformée en hôpital régional de 120 lits en 1957.

Peu après 1962, une plaque commémorative de l'amitié Algéro-Soviétique y sera apposée en souvenir, d'un hôpital construit par les Français ... et probablement meublé par les Soviétiques.

En 1904, raccordement des abonnés au réseau urbain téléphonique d'Alger. Alfred Marsot, le père de notre ami Albert, sera inspecteur des Télécom à Alger et participera plus tard à la réalisation des centraux téléphoniques dans toute l'Algérie.

En 1905 on étudiait la codification du droit musulman.

À l'arrivée des français, il existait un droit difficile à utiliser et à appréhender, du fait de ses influences religieuses très éloignées de l'essence du droit français.

À cette époque les israélites et les musulmans demeuraient soumis à leurs lois et coutumes d'origine, et conservaient leurs tribunaux.

Cette situation fut confirmée avec le Sénatus-Consulte de 1865, qui permit soit de conserver son statut personnel d'origine, soit de l'abandonner moyennant acquisition de la nationalité française. Les décrets de 1866, 1874, 1886 et 1889 maintiendront le droit musulman et les coutumes indigènes.

La commission Morand composée de juristes français et algériens avait pour objet de codifier le droit musulman afin de le clarifier, de rassembler les principes fondamentaux du droit musulman en un texte précis et permettre de trouver les solutions applicables aux litiges avec un consensus entre juges français et algériens. Le projet de code musulman algérien, élaboré par cette commission, n'aboutira pas. La société algérienne, au début du XIXe siècle, n'était pas prête à rassembler en des textes juridiques, les règles inhérentes à la famille liées à un droit religieux, ni à les codifier, ce qui ne semble pas être chose aisée encore aujourd'hui.

Henry Paul Bouché, avocat, grand-oncle par alliance de Christian, Jean et Louis de Keller, faisait partie de cette commission[19].

_____

19 Voir notes en annexe

C'était en1912

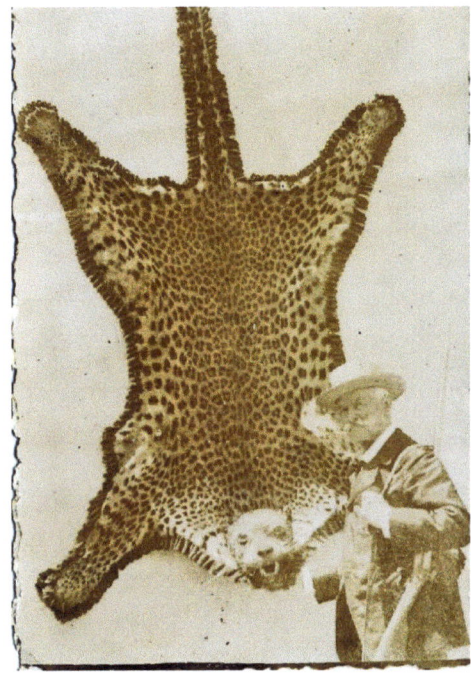

Une des dernières panthères d'Algérie était abattue par Mr. Lemichel.

Elle avait blessé un jeune berger qui gardait son troupeau de moutons ou de chèvres le long de la route d'Hazama qui menait au Tigremount.
On pouvait voir le trophée dans le salon de Jeanne Marsot en échangeant quelques mots quand elle se trouvait à la fenêtre qui donnait sur la rue principale.

1914-1918 l'Algérie fournira une contribution importante à la grande guerre.

La mobilisation devait toucher 125 000 combattants indigènes dont 22 à 25 000 morts et 73 000 combattants européens dont 13 000 morts *(200 de tous ces morts étaient originaires de Palestro dont 24 européens)*.

Le sirocco provoque des dégâts d'assez grande importance, pendant la période du 10 au 25 août 1925 …, notamment dans les vignobles de Palestro et de Thiers et dans ceux de la partie de l'arrondissement de Tlemcen.

Certains cépages ont mieux résisté que d'autres, le Cinsaut a mieux supporté la sécheresse que le Carignan, mais l'Aramon a été relativement éprouvé, surtout dans les terrains compacts ou graveleux. Dans la région de Palestro la véraison[20] du Cinsaut qui commençait vers le 20 juin, ne se manifesta qu'après le 20 juillet en 1925.

La première coopérative agricole qui comprendra 24 sociétaires agriculteurs de Palestro est créée en 1927.

La construction d'une canalisation de distribution d'eau pour irriguer les jardins est adoptée par le conseil municipal en 1928 conformément au projet de Mr. Ferrant, architecte du gouvernement.

L'eau, puisée dans l'Oued Isser, était remontée par une pompe dans un réservoir placé sur un point culminant et redistribuée par gravité à l'aide de canalisations à ciel ouvert *(séguia)*. Pendant nos vacances d'été il nous arrivait de « prendre le quart », parfois au milieu de la nuit, pour permettre l'arrosage de nos potagers en retirant d'un coup de houe le bouchon de terre sur la canalisation de distribution. Il ne fallait pas s'endormir avant de l'avoir refermé sous peine d'entendre le voisin d'en dessous s'écrier « c'est pour aujourd'hui ou pour demain » ?

Le Syndicat intercommunal d'électrification de Palestro comprenant cinq autres communes déployait des câbles sur 45 kilomètres en HT et 34 en BT, en 1929. A cette époque Gaston Duart avait 7 ans alors que son père participait à ces travaux. En 1949, il participera à son tour au renforcement du réseau électrique en 150.000 volts et rencontrera Christiane Sansano de « l'Hôtel de France » qu'il épousera.

---

20 C'est le moment où les raisins passent du vert, au rouge pour le raisin noir, ou doré translucide pour les raisins blancs

Palestro – Avenue d'Alger

La commune obtient une subvention de 693 000 francs en 1932, pour la construction d'une passerelle permettant aux habitants des douars de franchir l'oued Isser dans la région de Thiers.

Une invasion de sauterelles touche la région entre Palestro et Dellys, en 1933.

Après l'entrée en guerre de la France en 1940, l'Algérie enverra 215.000 hommes, dont 123.000 indigènes, combattre en France. Arrivés en catastrophe en mai-juin 1940 sur un front en décomposition, la plupart des régiments nord-africains, sans appui de l'aviation ou des blindés, furent inutilement sacrifiés *(60.000 prisonniers, 5.300 morts, moitié indigènes, moitié européens)*.
Avec le débarquement anglo-américain en Afrique du Nord le 8 novembre 1942, l'Algérie reprendra le combat.
Dans un premier temps 80.000 hommes dont 30.000 indigènes participeront à la Campagne de Tunisie.

Puis après la mobilisation de juillet 1943 ce sont 250.000 hommes dont 130.000 indigènes (80.000 engagés) qui écriront quelques-unes des plus belles pages de l'histoire de l'Armée française pendant les Campagnes d'Italie, de France, d'Allemagne. Ils s'illustrèrent en particulier avec le Corps expéditionnaire français en Italie qui, le 13 mai 1944, remporta la victoire du Garigliano, ouvrant les portes de Rome aux Alliés qui piétinaient devant le Monte Cassino. Leur tribut sera lourd : 16.000 morts dont 6.000 indigènes et 10.000 européens.

Pendant la seconde guerre mondiale, Alger était devenu le siège du commandement Allié, les forces américano-britanniques y débarquèrent. Alger devenait la capitale provisoire de la France. Le général De Gaulle et le général Giraud y constituèrent le Comité français de la Libération nationale. Durant cette époque le général De Gaulle avait fait réquisitionner la ferme "Broussais" située entre Ouled Sidi-Lakhdar, Beni-Enntas et Tizi-Gheniff, près de la forêt de Matoussa, pour y installer sa femme et sa fille handicapée. Les habitants du village pouvaient les voir le dimanche à la messe.

J'entre en scène.

Le facteur sonnait au 2ème étage au 22 de la rue Sainte-Claire Deville dans le quartier de La Redoute sur les hauteurs d'Alger.
- Bonjour madame, j'ai un télégramme qui vient de Palestro pour Yvonne de Keller
- Oui c'est moi, c'est sûrement la naissance de notre premier neveu, merci beaucoup.
Le postier empoche son pourboire avant de redescendre les escaliers aussi vite qu'il les avait montés. Yvonne ouvre le télégramme : cachet de la poste du 9 janvier 1941, origine Palestro, numéro 749, heure de dépôt 11h35: « Joli poupon Louis-Marie arrivé ce matin , tout va bien , signé Jean et Marguerite de Keller».

- Charles ! Charles ! s'écrie Yvonne, toute joyeuse, ça y est le bébé de Guiguite est arrivé ce matin.

Charles était né à Bou Saâda, il n'avait pas encore vingt ans. Il parcourait l'Est d'Alger jusqu'à la frontière tunisienne pour les besoins de son travail de représentant en matériel agricole et logeait chez sa sœur quand il passait par Alger.

- Je vais me renseigner sur l'horaire des trains, nous prendrons le premier, j'ai hâte de serrer ce petit dans mes bras lui dit-elle en sortant.

Yvonne était assistante sociale à Air-Algérie elle était née à Herbillon en 1914. Elle s'arrêta quelque temps à l'église Sainte-Anne, située au bout de sa rue. Sa première intime obligation était d'aller prier pour que la grâce divine fasse de ce nouveau venu un véritable fils de Dieu, pour que ses parents, parrain et marraine l'entourent de leur amour à l'image d'Anne, Marie et Jésus dans la Sainte Famille. Il se prénommait Marie s'était déjà un signe. Elle pensait à tous ces êtres chers qui l'avaient élevée loin des siens et à l'amour qu'elle vouait à ses frères qu'elle connaissait si peu, elle se disait que tous les quatre avaient vu le jour des mêmes parents mais que chacun d'eux était en réalité un enfant de la vie. Pendant ce temps Charles faisait route vers Diar-Es-Saada pour dénicher le dernier frère Henri, dans un des trolleybus desservant le quartier du Clos-Salembier. Henri était le plus jeune de la fratrie, il n'avait que 17 ans et devait gagner sa vie. En attendant son engagement pour le front, il avait trouvé ce boulot de contrôleur aux T.A. qui lui permettait de subvenir à ses besoins tout en se faisant de nombreux amis parmi ceux qui empruntaient cette ligne. Le soir même la décision était prise. Henri ne pouvant pas être du voyage, Yvonne et Charles partiraient le lendemain par le premier train de la gare de l'Agha pour arriver à Palestro le plus tôt possible.

Un bon bol de café, deux tranches de pain beurrées et les voilà traversant Alger à la lumière des lampadaires au réveil de la ville. Au pied du train, ils grimpent dans leur wagon de 2ème classe et s'installent dans un compartiment, direction Sétif.

Les quais, les bâtiments du port défilent maintenant derrière les fenêtres, la mer, la banlieue d'Alger, Maison-carrée, Rouïba, Réghaïa, la campagne, Ménerville.

A Ménerville le coup de sifflet de départ ne vient pas : croisement avec un train venant de Tizi-Ouzou, changement de voie ? Finalement on annonce que ce train n'ira pas plus loin que Beni-Amran : un accident sur la voie ferrée, dans les gorges de Palestro, interdit la circulation des trains pour un temps indéterminé. Les protestations fusent de toutes parts et beaucoup de voyageurs préfèrent descendre à Ménerville où l'attente est plus confortable. Yvonne et Charles pressés de découvrir leur merveille de neveu décident de pousser jusqu'à Béni Amran.

Arrivés au terminus il restait 18 kilomètres à parcourir pour atteindre leur but. Leur valise à la main les voilà partis comme un seul homme à travers les gorges. Au jour naissant le soleil empourprait les deux murailles de rochers encadrant l'Isser. Chemin faisant ils lient conversation avec des habitants du coin assis sur le parapet, près du pont qui enjambe l'Isser.

- Salam alaykoum
- Wa alaykoum salam
- Connaissez-vous Jean de Keller ?
- Si nous connaissons Jean de Keller ?... nous travaillons ensemble. Nous habitons juste en face de la carrière, à Guergour le douar au-dessus, à un quart d'heure par le sentier.
- C'est notre frère, nous allons chez lui à Palestro.
- Alors vous êtes aussi nos frères. Vous allez voir le bébé ?
- Oui, nous avons reçu un télégramme nous annonçant l'évènement, mais nous ne nous attendions pas à ce que ce jeune homme nous fasse tant marcher.
- Mais pourquoi n'êtes-vous pas allé en train jusqu'à Palestro ? La voie est rétablie, nous avons tous travaillé avec Jean à retirer les rochers qui l'encombraient juste en dessous de la carrière. Jean vous attend, il doit vous chercher à la gare en ce moment !

Le train était de nouveau à l'arrêt, mais en gare de Palestro cette fois. On demandait dans chaque wagon Yvonne et Charles de Keller, mais ... personne.

Mon père attendait sur le quai, le chef de gare donna alors du sifflet, le convoi pu enfin repartir pour Sétif.

Une histoire inoubliable, qu'Yvonne ou Charles ne manquaient pas de rappeler à presque chaque rencontre.

Le 8 mai 1945

Cette date renvoie à deux événements :

- La France fêtait la victoire des Alliés sur l'Allemagne nazie, des défilés étaient organisés, y compris en Algérie, alors département français.

- Des partisans du P.P.A. de Messali Hadj *(Parti Populaire Algérien)* profitant de l'audience particulière de ces manifestations, s'en distinguent en manifestant pour la libération de leur chef. Les affrontements tournèrent au drame tant à Sétif qu'à Guelma et Kerrata. Une centaine d'Européens ou d'Algériens pro-français furent massacrés, la répression fut sévère, suivant les sources le nombre de victimes sera de 6 à 8.000 pour la France ; on évoque actuellement en Algérie le chiffre de 45.000.

Les algériens créeront la fondation du 8 mai 1945 en 1990 dénonçant une répression coloniale jugée de « crime contre l'humanité ».

C'était oublié l'opposition des nationalistes algériens radicaux à la mobilisation des Algériens dans l'armée française en 1939-1940 et de 1942 à 1945, et les projets d'insurrection contre la France avec ou sans l'aide allemande conçus par plus d'un groupe de militants à l'intérieur du parti depuis les débuts de la deuxième guerre mondiale, faits historiques révélés par les historiens algériens Mohammed Harbi et Mahfoud Kaddache.

La répression du 8 mai 1945 en Algérie aurait bien été celle d'une tentative d'insurrection nationale insuffisamment préparée, et non pas un « crime contre l'humanité » ou un « génocide colonialiste » unilatéral conclu Guy Pervillé.

On voit bien la différence considérable qui peut séparer les historiens.

En 1956, Palestro est jumelé avec la ville de Vincennes.

Au cours d'une cérémonie à Vincennes, Mr Gilbert de Pembroke représentant Mr Ali Saadi, président de la Délégation spéciale en remplacement de la municipalité démise, prononcera une allocution donnant un aperçu historique et administratif de l'époque.

Etaient inscrits sur les listes électorales de la commune de plein-exercice de Palestro, en 1956 :

· 282 Européens et 266 Français Musulmans votant au 1er collège
· 2 253 Français Musulmans votant au 2ème collège

Une cité de type H.L.M. de 56 logements pour Français Musulmans venait d'être construite, une école de 3 classes était en cours de construction ce qui permettrait de porter à 10 le nombre des classes, un immeuble H.L.M de 16 logements était en chantier. Un projet d'école professionnelle comprenant 3 sections : mécanique, menuiserie et maçonnerie, devait aboutir prochainement. La Direction du Service de Santé était sur le point d'entreprendre la transformation de l'hôpital régional actuel *(primitivement infirmerie qui avait été construite en 1904)* et porter de 16 à 120 lits les possibilités d'hospitalisation sur place.

Pour les douars, l'amélioration portait surtout sur le réseau routier et sur la multiplication des points d'eau, effort certes encore insuffisant. Il s'agissait tout d'abord d'améliorer le réseau des vicinaux ordinaires qui totalisent 20 kilomètres, puis de transformer les pistes muletières en voies carrossables pour unir entre eux les villages de chaque 'Fraction' *(subdivision administrative de la commune-mixte)*. Le premier but était faiblement atteint compte tenu du maigre budget des vicinaux, pour le second une première réalisation avait permis d'aménager 15 km de pistes muletières et les projets de l'année en cours devaient conduire à l'aménagement de nouveaux tronçons. Onze sources avaient été captées et pour chacune d'elles un abreuvoir avec borne fontaine avait été construit, les projets de l'année prévoyaient le captage de quatre nouvelles sources.

La seule ressource de la ville correspondait aux revenus du marché municipal qui avait été adjugé à 6 830 000 francs. Et en bon gestionnaire de la commune, Mr. de Pembroke concluait : sans une aide très conséquente de la Caisse de Solidarité des Départements et Commune, et la participation de la Colonie et du Département, jamais, bien entendu, il n'aurait été possible de parvenir à toutes ces réalisations.

Tamourt'nar « Notre terre »

C'est le titre qu'avait choisi Jean Doumergue pour un roman qu'hélas il n'a pas eu le temps de publier. Tous les anciens de Palestro ont connu la famille Doumergue, une dizaine de décès sous ce nom figurent à l'état-civil de Palestro.

Jean était issu de la fameuse ENIB (Ecole Normale d'Instituteurs de la Bouzaréah à Alger) qui avec celles de Constantine et d'Oran, fourniront la grande majorité des enseignants du primaire en Algérie.

Instituteur à Tizi Gheniff, il retrace la belle et noble aventure des enseignants qui devaient d'abord atteindre à dos de mulet, par un sentier à peu près impraticable, leur classe perchée en haut des crêtes. Il leur fallait ensuite apprendre le Kabyle pour pouvoir enseigner le Français. Ils devaient non seulement s'occuper de l'instruction des enfants, mais aussi de leur éducation et souvent de celle des parents. Ils s'improvisaient menuisiers, maçons, moniteurs d'agriculture, infirmiers et secrétaires de mechta. Souvent, leurs épouses les secondaient dans leurs tâches, leur sexe leur permettant de pénétrer plus facilement les intérieurs et de faire plus ample connaissance avec les indigènes, de leur donner quelques notions de puériculture ou d'hygiène.

L'auteur s'attache à un jeune élève « Aomar », qui grandira tiraillé entre la culture kabyle de sa famille et l'attrait du nouveau monde qui se bâtissait au pied de sa mechta et s'appelait Palestro. Il fait revivre avec talent, tous les liens d'amitié que nous avons connus et toutes les rivalités aussi, sans oublier certaines élucubrations, souvent issues de lois et décrets des codes parisiens, écrits trop loin de nos réalités et qui tissaient les mailles du filet dont nous serons victimes.

Un autre témoignage de l'enseignement français en Kabylie :

Cette photo date des années 1940-1941, l''instituteur avait une trentaine d'années, sa grand-mère Mme Brossard enseignait déjà en 1885 à Beni-Amran. Il était en poste à Debagha dans les gorges de Palestro, entre Guergour et Ouled-Djerrah et recevait les enfants des douars voisins.

A la demande du Docteur Médan, médecin de colonisation à Palestro, il procède à la pesée des enfants à l'aide d'une balance romaine qu'il a pu se procurer. Sur ses indications, le relevé des pesées est assuré par un élève du cours moyen.

Le maître s'occupait aussi de la cantine de l'interclasse où les enfants recevaient un repas préparé par deux femmes employées par la commune-mixte de Palestro. Faute de réfectoire, ils déjeunaient assis sur le sol du préau ou dans le jardin quand le temps le permettait.

Les instituteurs affectés dans un village haut perché de Kabylie exerçaient leur métier dans une réalité que les grands principes français n'avaient pas pris en compte.

Les obstacles financiers, celui de la langue, le manque de voies de communication pour atteindre les douars de la commune-mixte situés pour la plupart en région à relief tourmenté[21], le manque de

---

21 La commune-mixte comprenait 6 chemins vicinaux d'une longueur de 45 km, 42 chemins ruraux représentant 425 km pour la plupart non achevés et 39 pistes muletières de 215 km d'accès aux douars en très mauvais état. Leur aménagement nécessitait des moyens disproportionnés avec son budget.

bâtiments, l'absence de préparation des maîtres à leur complet isolement dans les villages, leur ignorance des coutumes étaient autant d'entraves à l'application des lois sur l'école, sans oublier l'influence des religieux qui voulaient interdire à l'école française de s'implanter au sein des tribus et des douars.

Si l'enseignement primaire était accessible à tous et obtenait de beaux résultats dans la commune de plein-exercice, on ne peut pas en dire autant pour la commune-mixte. Il y existait un grand déficit d'écoles françaises, seulement 5% des enfants étaient scolarisés en 1954. La population de la commune-mixte était quasiment illettrée, on estimait à 1% le nombre de lettrés en français et à 5% celui de lettrés en arabe

Paradoxe de cet enseignement destiné à initier les jeunes élèves à la compréhension d'idées nouvelles sans leur inspirer le rejet de leur monde traditionnel ; il ne s'agissait pas d'assimiler deux cultures qui avaient suivies des siècles de voies divergentes mais d'un rapprochement progressif devant aboutir à une reconnaissance et une estime réciproque :

- Guy et Jacqueline Monnerot, mariés depuis deux mois, arrivés depuis une semaine de métropole pour enseigner volontairement à Tifelfel, dans les Aurès, seront les premières victimes de la Toussaint rouge du 1er novembre 1954, considérée comme le début de la guerre d'indépendance et devenue une fête nationale en Algérie.

- Albert Marsot se souvient avoir croisé à Alger, un soir du début de l'été 1962, Mr Saïd Azi, le directeur de l'école primaire du village qui nous avait préparés au lycée. Il était né à Guérrouma, avait gravi tous les échelons administratifs et vivait aisément des deux cultures. Après quelques échanges de convenance, il lui avait demandé avec regrets comme s'il connaissait déjà la réponse : « Toi aussi tu t'en vas ? »

————————

Palestro, le chaos

Nous aurions aimé ne nous souvenir que des bons moments de notre jeunesse mais le témoignage aurait été tronqué. L"absurde a existé, en 1871 pour nos ainés, nous l'avons connu de 1954-1962 et il reprendra dans les années 1990 "les années noires"[22].
Un gâchis, quelle cause mérite autant de souffrances ? Ne soyons pas amnésiques. Comment effacer les horreurs du terrorisme de nos mémoires, quand on les a vécues toute son adolescence et qu'elles existent encore à l'automne de nos vies, quand le mot "Palestro" est devenu synonyme de massacre et que ces massacres font l'objet de mémoires.

- 9 mars 1956, massacre des fermes Servat et Bénéjean, Jeanne Vidal, citée quelques lignes ci-dessus, vous dirait dans quel état étaient les corps de ces malheureux fermiers. Ces fermes se trouvaient à moins de 6 kilomètres du village, en bordure de la route nationale n° 5.
Dans la ferme en face, le fermier, Mr. Pons, avait réussi à mettre en fuite ses assaillants.
La famille Mary était absente, la ferme fut brûlée, toutes les bêtes tuées même le chien.
Mr. Chatenay échappa par miracle aux rebelles qui l'attendaient embusqués dans la cour et donna l'alerte au village.
- Deux mois plus tard, Historia magazine écrira :
« Palestro a peur. Le seul mois d'avril a vu sept colons tombés sous les balles des rebelles. Chatenay, l'un des derniers colons a échappé à plusieurs attentats. Descendant d'une vieille famille alsacienne, installée en 1871, il a assisté impuissant à la destruction du viaduc construit par ses ancêtres. Les orangers centenaires ont été coupés, les pieds de vigne arrachés. Même lui, tant attaché à sa terre, envisage maintenant de partir, de déserter ce village maudit ».

---

22 Guerre civile algérienne à partir de 1991

- La Dépêche Quotidienne rapportera :

« Mr. Le préfet d'Alger, le général Olié commandant civil et militaire de la zone opérationnelle en Kabylie, Mr le procureur général Susini, Mr Pernet, directeur du cabinet du Préfet d'Alger, arrivaient à Palestro où ils allaient s'incliner devant les corps de la famille Bénéjean à la mairie et de la famille Servat à l'infirmerie municipale. Aussitôt après, Mr le préfet Collaveri recevait la population européenne dans le bureau de Mr Guidici, le maire de la ville ».

- A plusieurs reprises les cris fusèrent : « Nous en avons assez », « nous rendons tous les clés de nos fermes, nous les déposerons ce soir entre les mains de Mr Guidici ».

- Mr. Marcellin, conseiller général de l'arrondissement de Bouïra, prenait la parole avec son calme habituel, qui cachait mal une violente émotion : « C'est un nouveau cri d'alarme que je lance aujourd'hui, vous comprendrez certainement l'état d'esprit des populations, elles n'en peuvent plus, on leur a fait trop de promesses, maintenant elles ne croiront que les actes, mais il faut que ces actes soient immédiats si on veut éviter la désertion de nos campagnes ou ce qui serait pire, une véritable révolution, qui vous le savez, est impensable. Mais il ne faut pas oublier qu'ici il y a des hommes que le désespoir pousse à bout et qui sont prêts à accomplir les pires folies … »

- « Nous en avons assez, nous sommes prêts à mourir, mais pour quelque chose, nous ne voulons pas être tués bêtement sans nous être défendus ».

- De nouveaux cris fusèrent : « Nous sommes prêts à tout. Nous en avons assez, que la France nous dise de partir si elle ne veut pas nous défendre, laissez faire l'armée, prenez des décisions tout de suite ». Et pour terminer, cet appel angoissé « Et ce soir, où allons-nous coucher ? ».

- Suite à ces massacres, la municipalité élue se démet, elle est remplacée par une délégation spéciale dont un membre sera abattu. Mr Ali Saadi en sera président et deviendra député-maire de Palestro.

- 14 mai 1956, Louis Bonnet est assassiné sur le trottoir devant le café de Marcel Winum, par un inconnu qui s'est noyé dans la foule.

- 18 mai 1956, « Le massacre des innocents » titre Historia magazine.

L'aspirant Hervé Artur, un sursitaire qui préparait son agrégation de philosophie et venait d'être appelé, à sa demande, commandait une section de reconnaissance et de pacification en direction des Ouled-Djerrah. La section n'étant pas rentrée pour midi trente, le lieutenant Poinsignon, commandant la 6° compagnie, positionnée dans la zone de Palestro, met son unité en alerte. A 13 heures, les recherches démarrent avec 3 sections. L'obscurité tombant, sans nouvelles, le lieutenant Poinsignon décide de passer la nuit au village des Ouled-Bou-Lemmou.

Le lendemain, à 4h50, ils découvrent les premières traces d'un combat au carrefour de l'ancienne route turque qui menait à Ben-Hini. On devine que le groupe de fellaghas devait être important, leur armement semblait moderne et en partie d'origine française *(plus tard on apprendra qu'elles provenaient de la désertion de l'aspirant Maillot avec un camion d'armes).* Ce n'est qu'en début d'après-midi, qu'un soldat découvre exposés, comme dans un suprême défi, les corps suppliciés de quinze soldats français. Il alerte le lieutenant Poinsignon qui ordonnera aux chefs de section d'empêcher leurs hommes d'approcher et de découvrir le charnier. Il craignait que la vue des victimes n'éveille chez ces jeunes soldats des instincts de vengeance aveugle contre les populations du douar où les corps avaient été transportés. En vain, le douar avait été abandonné, les mechtas étaient vides. Les femmes et les enfants avaient fui vers Guergour.

Palestro deviendra, dans la presse, le centre du monde. Plus tard on parlera de « l'effet Palestro »[23] en référence à cette embuscade qui décima un groupe de 20 jeunes appelés français qui

---

23 *Jean-Dominique Merchet en parlant de la mort au combat de dix hommes en Afghanistan*

patrouillaient dans les gorges. Le choc de l'opinion publique avait provoqué la prise de conscience collective de ce qui se passait en Algérie.

Informations, images tétanisant l'abomination, chiffres qui s'égrènent en une longue litanie morbide sur les écrans de télévision. Plus de cinquante ans plus tard, à partir d'archives, on en fera des romans qu'on dira documentaires et qu'on transformera en films.

Vivre sur cette terre meurtrie, c'était une autre histoire que les images d'une télévision ou les pages d'un roman. S'arrêter dans ces gorges, c'était déjà être mort, avant même que le couteau ne vous tranche la gorge. Il n'y eut plus de nuit à Palestro durant les 48 heures qui suivirent cette tragédie, du village nous suivions l'avancée des recherches des rescapés à la lumière des fusées éclairantes.

- 28 mai 1956, Mr. Marin est assassiné dans son bureau, sur la route de Fondouk par le Bouzegza.

- 25 juin 1956, un soldat du 2ème bataillon du 6° RI est tué à Thiers.

- 29 juillet 1956, un soldat est tué dans un accrochage au douar Ammal.

- 30 août 1956, on a retrouvé sous un pont, à deux kilomètres du village un homme méconnaissable car son assassinat remontait à plusieurs jours, il a été enterré au cimetière musulman.

- 10 septembre 1956, deux mokhazni[24], assurant la protection d'ouvriers aménageant une piste près de Thiers ont été tués.

- 11 septembre 1956, le chef de la fraction Bou-Ismaël, qui avait demandé la protection de la France, a été trouvé égorgé. Il faudrait

_____

24 *Supplétif armé assurant la sécurité*

un bataillon par village, dès qu'un élément militaire quitte une tribu celle-ci retombe sous la domination des fellagas, d'où la distribution d'armes pour leur autodéfense.

- 19 septembre 1956, trois hommes habitant des dechras (hameaux) voisines du poste d'Ouled Hadad, ont été exécutés par les rebelles.

- 21 septembre 1956, dix-sept soldats du 2ème bataillon du 6° régiment d'infanterie, qui participaient à un bouclage à Drâ Barrouta, secteur de Thiers, ont été abattus à leur descente d'hélicoptère, puis sauvagement mutilés. Les hélicoptères et les bananes volantes sillonnaient le ciel et le canon n'a cessé de tonner dans la montagne.

- 22 septembre 1956, trois musulmans qui venaient de retirer leur carte d'identité au bureau de la S.A.S.[25] de Béni-Amran ont été abattus par rafales de mitraillette. Les rebelles leur avaient liés les mains dans le dos avec de la ficelle à botteleuse.

- 26 septembre 1956, embuscade à Guerrouma qui coûta la vie à une douzaine de soldats, affreusement mutilés.

- 6 novembre 1956, les fellaghas ont brûlé la ferme d'un Français et décapité un Musulman qui avaient tous les deux commencé leurs labours.

- Novembre 1956, une grenade jetée dans le café de Marcel Winum à l'heure de l'apéritif a fait douze blessés.

---

25 Les (S.A.S) Sections Administratives Spécialisées, ont été créées par un arrêté du 26/09/1955 du Gouverneur général de l'Algérie, Jacques Soustelle. Elles étaient chargées de rompre les relations entre rebelles et habitants d'un secteur et de servir d'assistance scolaire, sociale, médicale envers les populations rurales musulmanes. Les missions générales des chefs de S.A.S. ont fait l'objet d'un décret du Président de la République, Charles de Gaulle le 2/09/1959.

- 3 décembre 1956, Jean-Claude Pons a été abattu de cinq balles alors qu'il sortait de la boulangerie, les pains étaient restés dans le caniveau, sa compagne Kabyle était enceinte, elle criait : " ... lâches, vous tuez les Français, un à un, et le lendemain vous allez leur mendier de la semoule ..." (*Jean-Claude assurait la distribution de la SIP, Société Indigène de Prévoyance, dans les douars*)

- 6 décembre 1956, un mokhazni de la S.A.S. de Thiers a été tué d'une balle de revolver. Il se trouvait chez le coiffeur du village qui lui coupait les cheveux et quatre autres clients attendaient leur tour, quand un cinquième est rentré, s'est avancé et a tiré à bout portant sur sa victime.

- 23 décembre 1956, Mr Llorens a été tué à son domicile de deux balles en plein cœur. Dans son homélie le prêtre interpella les représentants de l'Etat français. Ils quittèrent la cérémonie, hués par l'assistance qui applaudira l'abbé.

- 23 janvier 1957, le menuisier municipal Mr. Lesca est abattu dans son atelier. Il n'y avait pas meilleur homme sur terre. C'est sûrement lui qui m'a initié au travail du bois : choisir le matériau, le découper, l'ajuster pour l'adapter au plan préalablement établi, le poncer, le vernir et le travail accompli vérifier le fruit de sa créativité.

- 28 janvier 1957, toujours et encore, les sirènes du village et leur cri lugubre nous glacent le sang, un mokhazni de la S.A.S. a été abattu alors qu'il était en faction à l'hôpital, le tueur a pris la fuite.

- 11 juillet 1959, Christiane, une amie du village, pourrait vous parler de la douleur d'une fille ou d'une épouse dont le père et le mari ont été abattus par des terroristes au cours d'un faux barrage près d'Alger. Elle en a réchappé grâce au réflexe de son jeune frère de 17 ans Francis qui prit la place du cadavre de son père abattu sur le volant et pu fuir en sauvant ainsi sa sœur et sa nièce encore bébé. Elle vous dirait aussi son angoisse quand ils durent s'arrêter au checkpoint suivant tenu par des Algériens en armes. Heureusement pour elle ceux-là étaient du bon côté.

Le père de Christiane, Mr. Sallot, était garde forestier. Il était responsable du district de Palestro qui comprenait la forêt de chêne-liège de Beni-Khalfoun. Il avait plusieurs fois croisé Mme. De Gaulle à la ferme « Broussais » Le grand-père maternel de Christiane, Francesco Mannoni était mineur, il venait de Sardaigne.

- En 1960, se portant au secours des victimes d'une bombe qui avait été cachée dans les sacoches d'un vélo sur un trottoir à Boufarik, Roger Winum *(le cousin germain de Jean-Jacques)*, était tué par une seconde bombe, décalée de la précédente par un pervers. Roger était l'attaquant, le «Roberto Baggio» de l'.A.S.Boufarik *(nôtre A.C.Milan de là-bas)*, il venait de signer un transfert pour l'O.M. à Marseille.

C'était l'Aïd tous les jours

On nous sacrifiait comme le mouton. Palestro devenait une ville martyre, la presse accourait à chaque enterrement, les photographes se bousculaient pour saisir une larme sur le visage d'une veuve ou d'un enfant.

Étions-nous condamnés à disparaître ?

Qui n'a pas eu un voisin musulman qui lui conseillait : « ne reste pas là, c'est la mort qui t'attend »

Ils étaient aussi dans la détresse la plus grande et comptaient leurs morts encore plus nombreux que les nôtres. Sans compter les nombreuses propriétés saccagées, les sabotages des voies ferrées, des lignes téléphoniques.

Et tous ces soldats venus de métropole qui sacrifiaient les meilleures années de leur jeunesse quand ce n'était pas leur vie pour le "maintien de l'ordre" ou la "pacification" *(on ne parlera de guerre que bien plus tard, après l'indépendance).* L'état-civil de Palestro enregistrera le décès de 51 soldats.

Palestro a peur, ses habitants l'abandonnent.

Vincent Morell, le père de Jean-Jacques, tenait la station « Shell », l'unique distributeur d'essence à des kilomètres à la ronde. Le mercredi, jour du marché, les colporteurs faisaient la queue devant ses pompes pour aller ravitailler les douars en pétrole. Ils laissaient leurs ânes harnachés de chouari[26] dans le fondouk[27], à l'endroit où Nico avait, lui aussi, construit ses écuries en 1870 sur le lot 36.
Vincent avait aussi un taxi, une Renault « Prairie » de couleur bleue. Il dut quitter le village en 1957, après la mort au cours d'un interrogatoire par l'armée française du chauffeur de ce taxi. Cet homme était contraint, par le FLN à transporter des rebelles et par l'armée à les dénoncer.

Jacques Cormery nous rejoint,

… nous sommes de nouveau ensemble sur la route de Bône à Mondovi, nous croisons des jeeps hérissées de fusils …nous arrivons à la ferme du Domaine de Saint-Apôtre, la ferme où Jacques était né. Le fermier nous reçoit, nous échangeons quelques mots et rompant avec la solitude qui l'accable, le fermier déballe son sac :
- La région est devenue invivable, il faut dormir avec le fusil, quand la ferme Raskil a été attaquée, vous vous souvenez ?
- Non, dit Jacques.

---

26 *Grand panier double en feuilles de palmier tressé, posé sur le dos des ânes.*

27 *Généralement en carré autour d'une grande cour, le Fondouk, ou Caravansérail, permet d'entreposer les marchandises, d'abriter les animaux et les montures, et d'héberger les marchands et les voyageurs*

- Si, le père et ses deux fils égorgés, la mère et la fille longuement violées et puis à mort... Bref... Le préfet avait eu le malheur de dire aux agriculteurs assemblés qu'il fallait reconsidérer les questions coloniales, la manière de traiter les Arabes, qu'une page était tournée maintenant.

Depuis, il ne desserra plus les dents. La nuit, il lui arrivait de se lever et de sortir. Sa mère l'observait par les persiennes et le voyait marcher à travers ses terres.

Quand l'ordre d'évacuation est arrivé, il n'a rien dit, ses vendanges étaient terminées, et le vin en cuve. Il a ouvert les cuves, puis il est allé vers une source d'eau saumâtre qu'il avait lui-même détournée dans le temps et l'a remise dans le droit chemin sur ses terres, puis il a équipé son tracteur en défonceuse. Pendant trois jours, au volant, tête nue, sans rien dire, il a arraché les vignes sur toute l'étendue de la propriété, tout sec tressautant sur son tracteur, poussant le levier d'accélération quand le soc ne venait pas à bout d'un cep plus gros que d'autres. Sa mère lui apportait pain, fromage et soubressade, il ne s'arrêtait même pas pour manger, il jetait le dernier quignon pour accélérer encore, tout cela du lever au coucher du soleil, et sans un regard pour les montagnes à l'horizon, ni pour les Arabes vite prévenus et qui se tenaient à distance le regardant faire, sans rien dire eux non plus.

Et quand un jeune capitaine, prévenu par on ne sait qui, est arrivé et a demandé des explications, il s'est entendu dire :

« Jeune homme, puisque ce que nous avons fait ici est un crime, il faut l'effacer ».

Les ouvriers arabes l'attendaient dans la cour. *(Il y avait aussi une patrouille que le capitaine avait envoyée, on ne savait trop pourquoi, avec un gentil lieutenant qui attendait des ordres.)*

- Patron, qu'est-ce qu'on va faire ?
- Si j'étais à votre place, a dit le fermier, j'irais au maquis. Ils vont gagner. Il n'y a plus d'hommes en France.

Le fermier riait.

———

<u>Un espoir s'esquisse</u>

Palestro était devenu par décret du 20 mai 1957 une sous-préfecture, chef-lieu d'arrondissement du département de Tizi-ouzou (les trois anciens départements créés en 1848 : Alger (91), Oran (92) et Constantine (93), qui correspondaient au découpage des trois beyliks ottomans, avaient été divisés en 12 nouveaux départements en 1956).

Le trouble installé au plus haut niveau parisien provoquait une crise de confiance entre l'armée et les dirigeants politiques qui aboutira à la prise du pouvoir par l'armée à Alger le 13 mai 1958.

C'était la fin de la « traversée du désert » pour le général en retraite, Charles de Gaulle, ce sera aussi la fin de la quatrième République.

Mr. Michel Debré, premier mnistre, saluant les représentants des douars de la sous-préfecture de Palestro. Il démissionnera en 1962

Un immense espoir de paix naît en Algérie : « à partir d'aujourd'hui il y a en Algérie 10 millions de Français à part entière avec les mêmes droits et les mêmes devoirs » proclamait le Général le 4 juin 1958.

Le 14 juillet 1958, avec plus de 6.000 Français d'Algérie *(indigènes et pieds-noirs, dont certains de Palestro)* nous viendront témoigner notre attachement à la France, en participant au défilé des Champs-Elysées sous les acclamations de la foule. Le Président du Conseil, le général de Gaulle, en présence du Chef de l'Etat, René Coty, arrêtera sa voiture pour nous saluer et serrer la main de nos représentants.

Le 3 octobre 1958 le Général lançait à Constantine un plan de développement économique et social de l'Algérie. Le programme d'industrialisation comportait l'aménagement de zones industrielles (notamment celle de Rouiba-Reghaïa, sur 1100 hectares, à l'est d'Alger) et la mise en valeur des ressources en hydrocarbures (pétrole et gaz naturel) découvertes peu avant dans le Sahara.

Ce plan n'avait pas jailli fortuitement du rocher de Constantine nous dira René Mayer[28] dans une communication présentée le 8 mars 2011 à l'académie ses sciences d'Outremer. Il n'était pas né de l'imagination du nouveau Président de la République. Il était le fruit de longues études antérieures. La nouveauté de l'annonce faite par le Chef de l'État tenait moins à son contenu qu'au fait que, pour la première fois et au plus haut niveau, les objectifs de développement de l'Algérie étaient pris en considération.
La première tentative en ce sens s'était située vers la fin de la seconde guerre mondiale. En métropole, dans un pays ravagé, la reconstruction s'était imposée comme impérativement prioritaire. Moins que jamais, l'Algérie n'intéressait Paris.

---

28 *Ancien élève de l'Ecole polytechnique, Ingénieur général des ponts et chaussées.*

À Alger comme à Paris, le souci de sortir l'Algérie de son sous-développement continua cependant d'agiter les esprits. Mais un tel objectif était-il seulement à portée de l'économie française ?

Le "Rapport Maspetiol" remis au gouvernement en juin 1955 évaluait les investissements nécessaires et montrait ainsi que cet effort se situait à un niveau parfaitement soutenable pour une France désormais engagée dans la brillante chevauchée des Trente Glorieuses. La publication de ce rapport souleva à Alger un vent de foi dans l'avenir.

Au cours d'une conférence de presse du 23 octobre 1958, le Général déclarait encore : « Quelle hécatombe connaîtrait l'Algérie si nous étions assez stupides et assez lâches pour l'abandonner ».

Aux élections législatives du 30 novembre 1958, 71 députés dont 46 Français musulmans furent élus. Le Bachaga Saïd Boualem, officier français, dont les Harkis avaient décimé les bandes FLN de l'Ouarsenis, devenait vice-président de l'Assemblée nationale française.

Les opérations contre le FLN en application de ce qu'on appelait le « plan Challe » suivirent. L'essoufflement voire la disparition de la rébellion ne tarderont pas après l'implantation des SAS et la libération de la population de l'emprise du FLN et des prélèvements des fellaghas. Suivront, l'engagement des harkis dans les SAS, la désertion des rebelles, la distribution des armes aux comités d'autodéfense.

Remise d'armes à la population musulmane de Palestro et création de comités d'auto-défense

Si Azzedine, grande figure politique et militaire de la wilaya IV, est blessé lors d'un accrochage au lieudit « Les Haddadiches » près de l'oued Souflat, à 10 kilomètres au sud de Thiers, le 17 novembre 1958. Les hommes du 3e R.P.C avaient encerclé une katiba quand il fut surpris et blessé dès le début de l'accrochage. Quelques-uns de ses hommes tiraient encore quand il se rendit aux forces de l'ordre. Il acceptait la « paix des braves » et se ralliait à l'autorité française proposée par le général de Gaulle le 23 octobre 1958.

Au bord du Rubicon

César savait les énormes bouleversements de la guerre qui allait éclater. Quand on arriva au bord des eaux du petit Rubicon, une ombre immense, l'image de la patrie affolée, apparut au chef, brillante dans la nuit obscure, le visage accablé de tristesse, avec ses cheveux blancs épars sur sa tête couronnée de tours, arrachant des mèches sur ses épaules nues, prononçant des paroles entrecoupées de gémissements : « Où allez-vous ? Où portez-vous mes enseignes, guerriers ? Si vous venez en respectant le droit, si vous êtes des citoyens, c'est jusqu'ici qu'il est permis d'aller. » Alors un frisson d'horreur fit tressaillir les membres du chef, ses cheveux se hérissèrent et un sentiment de faiblesse l'empêchant d'avancer, retint ses pas à l'extrême bord de la rive. *(Lucain, La Pharsale, I, v.185-194).*

Alors que la « Paix des braves » était sur le point d'aboutir, un pont restait à franchir !

L'affaire « Si Salah »[29]

Le 12 décembre 1958, le général Challe prend le commandement militaire en Algérie. Eliminé des grandes villes en particulier d'Alger depuis 1957, le FLN, souffre particulièrement, le quadrillage systématique du terrain le coupe de toute population.

La wilaya IV est considérablement affaiblie. Par ailleurs, les combattants de l'ALN nourrissent des griefs à l'égard de leurs dirigeants de l'extérieur, notamment sur des questions d'approvisionnement en armes.

---

29 *Ces lignes ont été extraites d'une communication présentée au colloque « De Gaulle et l'Algérie », organisée par Maurice Vaïsse les 9 et 10 mars 2012 à Paris, dont les actes ont été publiés par les Editions Armand Colin et le Ministère de la défense sous le titre « De Gaulle et l'Algérie, 1943-1969 » contenue sur le site de Guy Pervillé :* http://guy.perville.free.fr/spip/article.php3?id_article=284

En mai 1959, Si Salah, de son vrai nom Mohamed Zamoum est le chef politico-militaire de la wilaya IV. Il est secondé par son adjoint politique Si Lakhdar (Bouchemaa) et son adjoint militaire Si Mohammed. Lors d'une réunion du conseil de la wilaya, tenue du 14 janvier au 14 février 1960, ils dressent le constat que « le peuple a trop souffert, le peuple est en voie de nous abandonner ». La réalité c'est que le FLN est vu comme l'ennemi de la paix par la population.

À la mi-février 1960, un contact est noué. Le message est transmis au ministre de la Justice Edmond Michelet, qui rend compte au Premier ministre Michel Debré, qui rend compte au Président de la République.

Le colonel Mathon, membre du cabinet militaire de Michel Debré, et Bernard Tricot, membre du cabinet du président de Gaulle sont nommés pour les tractations

Le 9 juin, Tricot et Mathon décollent à bord d'un SO Bretagne avec leurs partenaires de négociation qui sont hébergés dans un pavillon écarté du château de Rambouillet.

Le lendemain, ils sont conduits auprès du général De Gaulle. Selon Claude Paillat (*journaliste, chef du bureau d'Afrique du Nord, de Match, puis envoyé spécial de Paris-Presse en Algérie*) « le général prend acte des propositions de ses visiteurs, les félicite de vouloir mettre fin aux combats, mais il ajoute que la wilaya IV ne représente qu'une partie de l'Algérie, et que ce qui importe c'est que le feu cesse partout. Dans quelques jours, il s'adressera au GPRA. S'il n'obtient pas la réponse voulue, on passera alors à l'exécution du plan convenu. Puis le général donne un rapide résumé de son prochain discours ». Les Algériens ne font pas d'objection. Pourtant Si Salah demande à rencontrer Ben Bella, ce que le Général lui refuse.

Le 14 juin, le général tient un discours dans lequel, après avoir évoqué la « nostalgie » bien compréhensible de certains pour ce qu'était l'Empire français, rappelle « *qu'il n'y a pas de politique qui vaille en dehors des réalités* » et conclut en lançant un nouvel appel aux dirigeants de l'insurrection : « *Nous les attendons ici pour trouver avec eux une fin honorable aux combats qui se traînent encore ... et accomplir, en union avec la France et dans la coopération des Communautés, la transformation de l'Algérie algérienne en un pays prospère et fraternel* ».

Si Salah se montra inquiet, mais convaincu que le GPRA éluderait toute négociation sincère. Le 21 juin, il part avec le colonel Jacquin, à Blida, il poste trois lettres destinées à trois journaux, puis il passe par le mess des officiers de Tizi-Ouzou avant de rejoindre le maquis. Selon le colonel Jacquin, il serait arrivé au PC de la wilaya III le 16 juillet.

Mais la rumeur d'une réponse positive du GPRA à l'appel du 14 juin avait touché Alger dès le 18 juin. Il avait décidé d'envoyer une délégation présidée par M. Ferhat Abbas pour rencontrer le général de Gaulle et dépêcha un responsable à Paris pour organiser les modalités du voyage.

Du 25 au 29 juin, deux émissaires du GPRA, chargés de préparer le voyage du président Ferhat Abbas, furent reçus à la préfecture de Melun par le secrétaire général pour les affaires algériennes Roger Moris, par le général de Gastines et par le colonel Mathon. Mais le 29 juin, faute d'accord sur le but de la rencontre, le général de Gaulle les renvoya à Tunis.

Le 4 juillet, le GPRA fait connaître que la venue en France de sa délégation « ne lui paraît pas opportune dans les circonstances actuelles ».

Le 14 juillet, Si Mohammed dissout le conseil de wilaya et le remplace par un « Comité militaire d'exécution et de coordination ». Le 22 juin, il fait arrêter et exécuter le commandant Si Lakhdar.

Le 16 septembre, Si Salah est arrêté à son retour de la wilaya III, mais il fut épargné pour aller rendre des comptes au GPRA.

L'affaire Si Salah avait donc échoué, en même temps que les vains pourparlers de Melun.

D'après Guy Pervillé, les *Mémoires* des principaux acteurs ne permettent qu'une explication : le général de Gaulle n'avait pas voulu discuter avec les envoyés du GPRA, d'autre chose que des conditions qui avaient déjà été acceptées par Si Salah : « trouver avec eux une fin honorable aux combats qui se traînent encore, régler la destination des armes, assurer le sort des combattants ».

Dans les *Mémoires* de Michel Debré, on apprend que durant les entretiens de Melun, le général de Gaulle était déçu par l'attitude des délégués du GPRA, il avait alors le sentiment d'avoir en face de lui des irresponsables et a obstinément refusé d'engager des négociations politiques. Michel Debré indiquait plus loin, qu'en juillet, le Général avait traversé une période de dépression. « Heureux le soldat mort au soir d'une victoire ! » lui aurait-il dit, alors que dans la voiture découverte il l'accompagnait vers les Champs-Élysées où il devait présider le défilé de la fête nationale ».

Gêné d'avoir à abandonner les Français d'Algérie, et d'une manière générale un territoire jusqu'alors français, il hésitait à partir et faisait part de ses intentions à son premier ministre. Je suis allé le voir à Colombey le dimanche suivant ... De Gaulle décida de relancer sa politique de négociation à partir du 4 novembre 1960.

Le sort en était jeté.

Cette affaire fut d'abord couverte par le secret. Mais en novembre, alors que le Général avait relancé sa politique algérienne sur de nouvelles bases « *la République algérienne, laquelle existera un jour, mais n'a encore jamais existé !* », les prisonniers et les ralliés de la wilaya IV multipliaient les révélations.

C'est le général Challe, qui révélera sa version des faits lors de son procès le 29 mai 1961 : « Avant mon départ d'Algérie, les conversations avaient commencé avec la wilaya IV ... Par la suite, les conversations ont abouti dans une certaine mesure, dans une bonne mesure même, et finalement le 11 juin, trois des chefs de la wilaya se présentaient à l'Elysée devant le général de Gaulle.

Le 12, le SO Bretagne qui les avait amenés rejoignait Alger et les chefs de la wilaya annonçaient leur intention de mettre le plan prévu en application. Pratiquement, c'était la Paix des Braves qu'avait demandée le chef de l'Etat... »

Le 20 juillet 1961, Si Salah trouvait la mort en Kabylie lors de l'interception du convoi qui le menait vers la Tunisie. Si Mohammed avait été tué par l'assaut du 11ème régiment de choc contre la maison qui l'abritait à Blida le 7 août 1961. Tous les témoins algériens étaient morts.

En septembre, le sénateur républicain indépendant Jacques de Maupeou posera une question orale demandant au Premier ministre « s'il est exact que trois responsables politiques de diverses zones de la rébellion algérienne -Si Salah, Si Mohammed et Si Lakhdar - désireux de déposer les armes, sont venus à Paris et ont été reçus à l'Elysée, au mois de juin 1960 ; et, dans l'affirmative, pourquoi le gouvernement n'a pas accepté de donner suite à des propositions susceptibles de mettre fin aux combats et de ramener la paix en Algérie ».

C'est Louis Joxe ministre des Affaires algériennes qui présenta la réponse au sénateur de Maupeou le 17 octobre 1961. Le ministre commença par reconnaître le fait puis il justifia le secret longtemps gardé et enfin il justifia la levée de ce silence.

Mais le sénateur demanda la parole pour dénoncer l'étouffement de l'affaire lors du procès du général Challe, et pour rectifier le compte rendu du ministre sur les sentiments des négociateurs algériens, qui auraient été au contraire « pas mal déçus » de voir le général de Gaulle repartir immédiatement à Colombey pour préparer son discours du 14 juin, qui avait tout fait manquer. En effet, à ce moment, « *une seule voie pouvait s'offrir à la politique de l'Elysée : celle de la « paix des braves » qui avait jadis été offerte aux combattants, le 5 juin 1958, sur le forum d'Alger* ». Mais « *l'Elysée, par une aberration dont il lui faudra bien s'expliquer un jour, a choisi une autre voie : celle de négocier avec des exilés politiques, sans pouvoir effectif à cette époque. Plutôt que la politique d'arrêt des combats qui eût non seulement ramené les combattants dans le sein de la communauté française, mais eût fait s'effondrer par là même le GPRA alors sans consistance, on a préféré choisir la route humiliante de Melun, d'Evian et de Lugrin où chaque étape fut marquée par un nouvel abandon, tandis que les jeunes Français continuaient à mourir en Algérie. »* Et de conclure : *« Il fallait que ces choses, si graves soient-elles, fussent dites dans cette enceinte. Elles laissent peser sur le gouvernement de terribles responsabilités ».*

Les sources connues sur cette « affaire Si Salah » ont été récemment complétées par la thèse de Robert Davezac, soutenue en 2008 à Toulouse et qui relate le contenu des articles du *Monde* et de *L'Echo d'Alger*. En effet Si Salah, après être revenu de Paris et avant de repartir pour essayer d'entraîner ses camarades de la wilaya III (Kabylie), avait envoyé un message à ces deux quotidiens, que *Le Monde* publia le premier, dans son numéro daté du 23 juin 1960, puis *L'Echo d'Alger* dans son numéro daté du même jour. Les deux journaux avaient reçu la même lettre à en-tête du FLN-Wilaya IV, postée de Blida le 21 juin à 18 h, et annonçant à dater du 15 juin une trêve des attentats concernant les civils aussi bien européens que musulmans.

Le général Jouhaud aborde aussi ce dossier dans « Ce que je n'ai pas dit » publié aux éditions Fayard : *L'affaire Si Salah fournirait, s'il en était besoin, la démonstration de la volonté du président de la République de traiter avec le seul G.P.R.A. pour négocier avec lui l'indépendance de l'Algérie, à l'exclusion de toute autre solution.*

1961 - L'embuscade devenait politique, le désordre et la confusion s'installaient.

Les esprits les plus sains y perdaient leur raison. Alors que l'armée française maîtrisait la situation, des actes terroristes sanglants se faisaient écho, sans savoir qui tuait qui et encore plus difficile de savoir pourquoi.

O.A.S. trois lettres faisaient écho à celles du F.L.N. et pour obscurcir le tableau les Barbouzes[30] s'en mêlaient, sans compter les règlements de compte criminels ou politiques.

Des milliers de civils Pieds-noirs étaient morts au cours de la première phase du conflit, du fait du F.L.N, mais à partir des « accords d'Evian » ce fut pire. Exécutions et enlèvements se multiplièrent pour chasser d'Algérie ceux qui seraient désireux d'y rester. « La valise ou le cercueil ».

L'histoire n'a pas voulu que la destinée de ce pays soit confiée à ses représentants, légalement et démocratiquement élus. Ils furent écartés des "négociations" et durent souffrir le "Reniement d'Etat" du 19 mars 1962. Le pouvoir Gaulliste, seul à discourir, investi de pouvoirs spéciaux, ne reconnut que le F.L.N comme représentant des 10 millions d'habitants d'Algérie. Au référendum du 8 avril 1962, nous fumes exclus de cette consultation nationale, qui pourtant scellait notre destin, pour transmettre le pouvoir aux hommes les moins bien disposés à l'égard des Français.

_____

30 Membres d'officines chargées de la lutte contre l'OAS, par des méthodes que ne pouvaient employer officiellement ni la police ni l'armée.

L'exode

Le haut-commissaire français en Algérie procédait à des rafles.

Jean-Jacques sera enrôlé de force par l'armée française *(Mr Christian Fouchet était en 1962 haut-commissaire en Algérie et anticipait ainsi tout débordement de la politique engagée ou tout ralliement à l'OAS).* Embarqué dans un GMC, il atterrira en Allemagne où on lui remettra un paquetage militaire. Il y restera retenu entre deux et trois mois.

Albert sera interpellé chez lui au milieu de la nuit alors qu'il préparait ses examens, dans sa chambre allumée.

Juillet 1962

« Partir, quitter cette terre d'angoisse et de violence » était devenu l'obsession de dizaines de milliers d'entre nous. Laisser un linge au balcon pour faire croire à une présence mais surtout se faire croire un très éventuel retour.

« Les valises sur le pont » écrira l'historien Jean-Jacques Jordi, lui-même rapatrié à l'âge de 6 ans : il y retrace cet été 1962. Nos aïeux avaient eu « un aller simple », ce retour n'était pas prévu. Une pagaille indescriptible s'ajoutait au drame de ces malheureux spoliés, traumatisés, chassés de ce pays où ils se croyaient être chez eux. Pendant cet été 1962, près de 650 000 « Pieds-noirs » feront la queue pour prendre un bateau.

Les femmes et les enfants d'abord : Geneviève et André Marsot sont sur un bateau qui lève l'ancre, une valise à la main et des larmes plein les yeux. Ils débarqueront à Marseille, elle avait 18 ans, lui 11 ans et personne à les attendre. Marie-Thérèse, Henri de Keller et leurs 3 enfants, (Chantal 16 ans, Patrice 7 ans et Astrid 2 ans) débarquaient aussi du même bateau. Ils se croisent, les voilà à 7 dans la Panhard, sans compter le contenu du coffre et celui sur le toit de la voiture. Perdus dans la foule des perdus, une inconnue leur propose à dîner. Les croyants diront que c'était un miracle, mais eux vous assureront que c'était bon. La solidarité ça existait encore un peu. Ils sont partis dans la nuit sans horizon, l'obscurité ajoutait au malaise, ils étaient deux fois cloîtrés dans la voiture et par les ténèbres.

Les Harkis de Mâala-el-Isseri et d'Ouled-Gassem

Yvan Durand, officier volontaire parachutiste, avait été affecté au 13è régiment de Dragons Aéroportés qu'il rejoint à Palestro. A son retour à la vie civile, en mars 1959, il reprend du service en entrant aux S.A.S. *(Sections Administratives Spéciales)* à Thiers, pour protéger les populations isolées qui étaient écartelées entre les rebelles algériens qui les menaçaient la nuit et les soldats français qui leur reprochaient le jour leur collusion supposée avec les premiers. Il créa les SAS de Maâla El-Isseri et d'Ouled-Gassem en collaboration avec le premier R.I.M.A.

En 1962 il procédera au sauvetage de ses amis en les rassemblant clandestinement dans la ferme Bénéjean *(fermiers qui avaient été massacrés le 9 mars 1956)* puis en expatriant en France près de 2500 personnes dont 23 familles de Harkis de Palestro dans un village de tentes créé dans les Alpes de Haute-Provence.

Bien plus qu'un « Reniement d'Etat » il s'agissait d' « Honneur », de « Hourma[31] ». Quelle abomination, quelle honte que cette trahison. Le pouvoir Gaulliste connaissait parfaitement les risques que ces Harkis et leur famille encouraient après l'indépendance, savait qu'ils étaient quelque 250.000 qu'il aurait dû évacuer. Mais l'ordre tombait et le couperet aussi : « Toutes initiatives tendant à l'installation en métropole des Français musulmans sont strictement interdites, en aviser d'urgence tous chefs de S.A.S et tous commandants d'unité ». Le lieutenant Yvan Durand

---

31 *Honneur qui ne peut se laver que dans le sang*

démissionna pour ne pas à avoir à désobéir aux directives interdisant le rapatriement de « musulmans menacés ». Si les anciens Harkis de Mâala-el-Isseri et d'Ouled-Gassem ont eu la vie sauve, ils le doivent aux hommes qui, comme cet officier, ont désobéi.

Ouvrage prémonitoire, Alphonse Juin[32] avait écrit en décembre 1961 : « C'étaient nos frères ».

Dans son avant-propos il stipulait « Ce cri fraternel s'est répercuté tout au long des siècles de l'histoire de l'Afrique du Nord, où la barbarie a toujours régné sauf à de rares périodes de paix. Ce cri fraternel qui a jailli des mercenaires agonisants de Carthage devant la souffrance et la mort ignominieuse m'a paru propre à évoquer l'histoire d'un officier parmi tant d'autres de l'armée d'Afrique d'aujourd'hui. A travers ce personnage s'exprime les idées, les inquiétudes, les espoirs d'une génération de soldats chez lesquels subsiste intact l'amour qu'ils eurent pour leurs frères musulmans, glorieux entre tous et d'un loyalisme envers notre drapeau poussé souvent au martyre. »

Les appelés s'en vont aussi.

L'un d'eux nous écrivait : « j'ai passé 2 années à Palestro comme militaire, j'ai lu l'article sur la violation de votre cimetière, quelle barbarie, l'espèce humaine y est tombée bien bas. Je me souviens, car le cantonnement n'était pas loin de ce lieu sacré qui était un endroit de paix à cette époque, nous ne passions pas loin quand nous descendions à l'oued. Début 1962, notre régiment a été muté à Ain-Taya et nous avons abandonné toute la population à son sort, je me souviens qu'un sentiment d'écœurement nous a envahis mes camarades et moi, nous ne comprenions pas ce

---

32 *Alphonse Juin né à Bône en 1888 est le seul général de la Seconde Guerre mondiale à avoir été élevé à la dignité de maréchal de France de son vivant, en 1952.*

départ alors que l'ordre avait été rétabli et que la paix était revenue. Nous avons vu les camions russes avec des soldats de l'ALN qui nous narguaient, nous avons assisté impuissants à ce lâchage des politiques. J'ai été libéré en Avril 62 complètement dégoûté et traumatisé surtout après la fusillade d'Isly que nous avons entendue sur nos transistors. Des français tirant sur des français comble de l'horreur, c'est pour cela que je comprends bien la souffrance des rapatriés qui sont chers à mon cœur. A mon retour nous avons été traités comme des pestiférés et maintenant nous avons le droit au lynchage des médias sur notre action alors que nous avons servi la France avec honneur et fidélité ; je n'ai jamais parlé comme cela à mes proches et ça me fait du bien d'en parler avec quelqu'un de là-bas ».

Sur un cliché de l'agence Magnum,

Dans un album regroupant les photos les plus marquantes de la guerre d'Algérie, tout ancien de Palestro reconnaîtrait : Krim Belkacem, *(membre dirigeant du FLN qui a participé aux accords d'Evian sur l'indépendance de l'Algérie),* Fernand Waldet mécanicien au village et Robert Sarrazin également de Palestro. Les deux hommes avaient été enlevés. L'autorité militaire française encore en place n'ayant rien entrepris pour leur libération, pas plus que l'autorité administrative qui invoquait son incompétence, un contact avait été pris avec Si-Ahmed chef de la zone 2 de la wilaya 4 qui avait installé son Q.G. à Palestro à partir du mois de mars 1962. C'est sur l'intervention de ce dernier qu'ils ont été libérés et ont pu rejoindre Palestro. *(Accusé d'avoir organisé un attentat contre Boumédiène en 1967, Krim Belkacem s'exila en Suisse. Condamné à mort par contumace, on le retrouvera étranglé avec sa cravate dans une chambre d'hôtel de Francfort le 18 octobre 1970 probablement avec la complicité des services secrets algériens de l'époque).*

L'Algérie était à peine indépendante,

Hachemi Chérif venait d'être installé sous-préfet de Palestro qu'il rebaptisera quelques mois plus tard Lakhdaria[33], quand une nuit de septembre 1962, un de ses compagnons de lutte de la Guerre de Libération nationale, Smail Lasber, officier de la zone 1 de la willaya 4 venait l'informer qu'il avait ordre de miner le pont de Palestro[34] afin d'empêcher les troupes de Boumediène de l'emprunter pour prendre Alger.

(Ben Bella était le premier président du Conseil des ministres de 1962 à 1963 avant d'être le premier président de la République à partir de 1963. Il sera destitué par le coup d'État du 19 juin 1965 mené par son vice-premier ministre, le colonel Houari Boumediene).

Les deux hommes, Hachemi Cherif et Smail Lasber se sont retrouvés quelques mois plus tard, Smail se savait menacé. Il était « dans la gueule du loup, en plein Larbaâ, mis à feu et à sang par cette barbarie sans nom et il avait peur pour son ami Hachemi. Il jugeait le mouvement fasciste, prêt à s'attaquer sans merci à tout ce qui s'opposerait à son projet totalitaire. Smail Lasber fut odieusement assassiné ainsi que bien d'autres moudjahidines ».
(Extrait du journal algérien «Le Matin» du 23 mai 1995).

J'enrage encore en y pensant nous écrivait Jean-Louis

Nous ne pouvons pas nous séparer sans avoir rendu un dernier hommage à Jean-Louis Kelbel, qui s'en est allé le 20 mars 2016, rejoindre les siens et tous ses amis, Dieu sait où.

---

33 *En hommage à Rabah Mokrani né à Guergour et surnommé Si Lakhdar*

34 *Le seul pont sur la RN 5 qui franchit l'Isser dans les gorges entre Guergour et la carrière de Jean de Keller.*

Il avait du charme cet appelé qui nous avait enlevé Odile Mussy, pour le meilleur et pour le pire. Ils projetaient, de venir avec nous à Lasino, le sort a voulu qu'il en soit autrement.

Ils ont été les derniers européens à quitter Palestro.

De par son métier Jean-Louis se rendait souvent pour ses différentes missions, dans les S.A.S de Bouderbala, Guerrouma, Laperrine, Thiers, Beni-Amran, Maâla-el-Isseri. Le 6 juillet 1962, ayant reçu l'ordre de rester sur place pour le référendum, il a été enlevé par un commando de l'A.L.N sous les ordres de Si M..., alias B...Mouloud. Il s'en est évadé le 13 juillet en ayant été témoin des tortures de Harkis que les autorités civiles et militaires françaises avaient abandonnés à leur triste sort en quittant les lieux.

Ceux qui ont échappé à la vindicte populaire des nouveaux maîtres de l'Algérie à compter du 6 juillet 1962, témoignait-il, le doivent pour la plupart au lieutenant Yves Durand qui était un de ses amis, un authentique missionnaire qui partageait la vie très modeste des habitants de Maâla qui le tenaient en haute estime.

Ils étaient les derniers fonctionnaires français. Jean-Louis nous a vus abandonner Palestro les uns après les autres, même Odile son épouse qui dirigeait l'école primaire, s'était retirée à Alger.

Nulle autorité, Armée, Police, Sous-préfecture n'avait mesuré le danger auquel nous étions exposés, écrivait-il.

Ceux qui n'ont pas pu s'enfuir.

Louis Gex avait 53 ans, Solange en avait 50. Leur ferme était située à Aïn-Sara, près de Béni-Amran, à l'entrée des gorges de Palestro. Leurs deux derniers enfants, 17 et 18 ans étaient chez leur sœur ainée à Paris quand ils apprirent, le 20 juillet 1962, l'enlèvement de leurs parents. Le 29 août 1962, l'armée les informera qu'ils étaient prisonniers du FLN. L'état-civil enregistrera leur mort en novembre 1962.

Pierrette Gex raconte ainsi la chronologie des faits :

Le 19 mars 1962, prend officiellement effet le cessez-le-feu, le gouvernement français cède ses pouvoirs au gouvernement provisoire de la nouvelle république algérienne.

Le 23 avril 1962, le peu d'armée présente quitte la ferme pour aller prendre position à un kilomètre plus loin, à l'entrée d'un pont sur l'oued Isser.

Le 4 mai 1962, un décret ordonne de désarmer les civils français, des gendarmes viennent récupérer trois fusils de chasse appartenant à mon père.

Le 17 juin 1962 mon frère et moi quittons l'Algérie.

Le 20 juin, mon père part trouver du travail dans le sud-ouest de la France. Ma mère et ma tante se replient à Ménerville, à un quart d'heure de notre ferme en voiture, dans la maison de mes grands-parents maternels partis se réfugier en métropole. Pendant l'absence de mon père, elles se rendent dans la journée à notre ferme. Elles rencontrent l'autorité algérienne de Béni-Amran, Si Mouloud, qu'elles informent de la dégradation de certains bâtiments, d'anciennes habitations de harkis, du pillage de l'épicerie.

Dès le début du mois de juillet, il n'y a pratiquement aucune présence militaire, si ce n'est celle cantonnée à Béni-Amran.

Le 10 juillet 1962, mon père rentre de Paris suite à un télégramme lui demandant de revenir d'urgence, car ma mère faisait l'objet de pressions de la part des autorités algériennes.

À son retour, sa récolte de blé a été enlevée.

Un couple de leurs amis dont le mari était gendarme confie à Pierette : « *le 18 juillet vers 16 heures, ton père a téléphoné à la gendarmerie pour demander de l'aide, il était en danger et ne pouvait plus sortir* »

Dans le camp militaire français de Béni-Amran, où des mokhaznis de la SAS et des harkis s'étaient réfugiés depuis quelques jours, on a entendu des rafales d'armes automatiques provenant de la ferme.

Personne n'interviendra ...

Le 19 juillet 1962 au matin, la sœur de mon père, Marguerite Gex, revient d'Alger avec deux places sur un cargo pour mes parents et la camionnette Renault ...

C'est elle qui constate les faits. Elle découvre la chienne de mon père, un berger allemand, gisant blessée par balle, un autre petit chien a été épargné. Le sac de ma mère a été fouillé, le journal que lisait mon père est encore sur la table. Le frigidaire a été vidé. La camionnette a disparu... le seul homme présent dans la cour de la ferme ne dit pas un mot. Elle va à la gendarmerie pour y déclarer les faits. Ce n'est que le lendemain qu'elle y retournera, accompagnée par l'armée, pour récupérer quelques effets. Elle constate que la maison a été pillée. Elle rejoint alors sa sœur domiciliée à Alger. Pendant plusieurs mois, elle tente vainement diverses démarches auprès des autorités algériennes et françaises pour savoir ce qu'avaient pu devenir mes parents dont on n'avait retrouvé aucune trace. La seule information explicite donnée par l'autorité F.L.N. locale fut que cette affaire était due à des éléments incontrôlés. Elle quittera définitivement l'Algérie en septembre 1962, suivie par sa sœur en décembre de la même année.

_____

Le migrant devient immigrant

Avant l'indépendance ils s'appelaient « migrants », après l'indépendance ils deviendront « immigrants ».

« Si le nombre annuel de migrants musulmans algériens vers la France avait oscillé entre 40.000 et 80.000 pendant toute la durée du conflit, son terme fut marqué par un envol brutal : 180.000 en 1962, plus de 260.000 les deux années suivantes, jusqu'à 350.000 dans les années 1970.

Les deux Etats y trouvèrent leur compte : la France avait besoin de bras pour se moderniser et l'Algérie des devises rapatriées par les émigrés …

Mais personne ne s'est jamais beaucoup penché sur le sens politique de cet énorme mouvement de population. La migration, de nature largement économique, ne marquait-elle pas aussi la défiance à l'égard d'un régime algérien de plus en plus autoritaire, ne reflétait-elle pas l'ambiguïté des sentiments des Algériens vis-à-vis de la France ? Pourquoi des hommes qui s'étaient battus pour l'indépendance de leur pays choisissaient-ils massivement de construire leur avenir sur le territoire de leur ancien oppresseur ? … Dès 1962, les autorités françaises, désireuses de favoriser d'autres immigrations, se sont trouvées placées devant un fait accompli d'autant plus délicat que l'exode forcé des Pieds-noirs avait vidé de son sens la liberté de circulation réciproque reconnue à Evian aux Français …

En instaurant des visas après la vague terroriste de 1986, la France s'est dotée d'un outil pour contrôler les allées et venues, révélant au passage leur intensité : en 1989, pas moins de 800 000 visas étaient accordés à des Algériens …

Depuis, il est vrai, la guerre civile algérienne a conduit la France à fermer ses consulats et à n'accorder des visas qu'au compte-gouttes *(moins de 40.000 en 1996)* »[35]

---

35 *En savoir plus sur « Le Monde »*
http://www.lemonde.fr/a-la-une/article/2003/03/27/france-algerie-les-non-dits-de-l-immigration_314473_3208.html#WY3tHwFYxRux2phR.99

Boualem Sensal[36] **écrira** :

«…nous voilà ruinés, avec plus de nostalgiques que le pays comptait d'habitants et plus de Rapetou qu'il n'abritait de colons. Beaucoup d'Algériens regrettent le départ des Pieds-Noirs. S'ils étaient restés, nous aurions peut-être évité cette tragédie. »

Tous les crimes que nous avons connus, se répèteront durant les années 1990 à partir de l'annulation des élections législatives remportées par le FIS *(Front Islamique du Salut).* Palestro renouera avec le terrorisme.

Dans un journal algérien «La Tribune » du 9 février 2005, Amel Bouakba écrivait : « Si seulement «Kandahar» pouvait parler ! Ce nom d'origine afghane attribué à un lieu perdu, dit «Hazama» sur les hauteurs, à quelque quatre kilomètres de la ville de Lakhdaria, à 45 km du chef-lieu de la wilaya de Bouira et 70 au sud d'Alger, était un territoire «occupé» par les groupes armés. Il y a quelques années, il était impossible de s'y rendre sans escorte, car ce lieu situé à proximité du djebel Lala Moussaad *(Tigremount)* était le fief incontesté et incontestable du GIA. On raconte même dans les parages qu'un certain «émir» du nom de Djebri y habiterait encore. »

Un enfant de Palestro, Mohamed Bouzid né 1929, décèdera à Paris en 2014. Certains d'entre nous l'ont eu comme instituteur, d'autres ont fréquenté les mêmes classes que ses jeunes frères Ali ou Taïeb.

Lui-même fils d'instituteur et membre d'une famille de 8 enfants, avait intégré l'École normale de Bouzaréah à Alger en 1946 et en était sorti major de sa promotion en 1950.

Il se consacra très tôt à la peinture, et devint pensionnaire de la Casa Velasquez à Madrid. Après l'indépendance, il sera le

---

36 *Boualem Sensal est un écrivain algérien d'expression française censuré dans son pays d'origine à cause de sa position très critique envers le pouvoir en place.*

concepteur du sceau et des armoiries de la nouvelle république algérienne. Ce palmarès ne put lui servir d'anaïa[37].

Il dut quitter précipitamment Palestro pour s'installer à Paris, probablement en tant que réfugié politique. Nous nous étions retrouvés, en parlant de ma mère Marguerite, la fille du Grand-père Louis Gander, il m'avait confié : « c'était une fleur de cristal ». Nous devions nous revoir, la vie en avait décidé autrement, « allah yerahmou »[38] .

« Les yeux de la mémoire de Mohamed Bouzid ».

Exposition de 36 tableaux au siège de l'UNESCO à Paris en 2008

Celle qu'on appellera « la sale guerre » ou « la décennie noire » succédera à « la guerre de libération », la libération des « occupants » que nous étions ! ...

Il faudrait s'appeler Margaret Mitchell pour écrire l'histoire de ces hommes qui bâtissaient une nouvelle Atlantide entre mer et désert.

---

37 Protection pour assurer le passage des voyageurs sur le territoire d'une tribu.
38 Que Dieu ait son âme

Les vivants avaient dû partir, maintenant les morts disparaissaient,

Le vent de l'histoire soufflait.
L'un avait pris leurs murs, l'autre leurs charrues,
Leurs tombes disparaissaient, dans ce cimetière vide et sans âme
Rien ne savait plus leur nom, pas même une vieille pierre
L'écho ne répondait qu'une rengaine de « Mesquine ».

Presque tout ce qui pouvait rappeler notre présence sur cette terre avait été effacé, en 2006 c'était au tour de nos morts. Nous avons rédigé un site[39] pour perpétuer leur mémoire et recensé près d'un millier de nos disparus. Cette nouvelle mort montrait qu'ils étaient dignes de vivre, que c'était le commencement de leur immortalité. « *Nos enfants se souviendront que la mort n'est que pour les médiocres* » écrivions-nous.

Notre cimetière de Palestro faisait partie des regroupements des sépultures civiles françaises en Algérie, un millier de nos parents y étaient inhumés. L'affaire avait été tranchée, les rouleaux compresseurs des États étaient en marche. Sans même nous avoir consultés, laissant à notre charge les hypothétiques transferts des restes mortels de nos ascendants. A la sauvette, en catimini, sous la présidence du Consul de France en Algérie, du Wali de Bouïra et de quelques autorités civiles ou religieuses, le 10 juillet 2007, une stèle était inaugurée. Deux parpaings blanchis à la chaux et une plaque, qui disparaitront peu d'années après, ni croix, ni kouba, tout juste un « emballage » pour expédier le colis. Albert Marsot avait été le seul d'entre nous à assister à cette cérémonie qui fut très brève. Le voyage entre Alger et le cimetière de Palestro s'était passé sous escorte militaire, il n'avait pas été possible de descendre dans la ville de Lakhdaria[40] *(c'eût été trop risqué ?)*. Les blockhaus de l'armée française dans les gorges

---

39 www.palestro.fr
40 *Lakhdaria compte aujourd'hui près de 60.000 habitants*

étaient toujours en service et les Algériens en avaient ajoutés des nouveaux.

Un écho, répondant à notre émotion, nous parvenait :
« Avec la destruction du cimetière chrétien, Lakhdaria a fini de faire disparaître tous les sites importants de son histoire coloniale ; il ne subsiste que quelques maisons éparses. Je suis désolé de voir nos autorités verser dans la désolation au lieu de veiller à la culture de ses citoyens. Ce comportement est indigne de l'islam et ne reflète aucunement notre culture qui le combat d'ailleurs. »

- d'autres suivirent : « Aussi loin que remontent mes souvenirs, « Gandère » a toujours été la propriété des Bairi, ceux de la quincaillerie que vous avez évoqués dans vos pages. Elle a toujours porté ce nom de Gandère. Cette propriété a été nationalisée dans le cadre de la révolution agraire, puis restituée en 1990 avec la politique d'ouverture du gouvernement de Hamrouche. L'histoire du décès de Louis Gander happé par la courroie a toujours été relatée ici. Etant enfant, je me baignais parfois à gueltet[41] el kharrouba[42] où j'ai toujours été intrigué par le tunnel à l'entrée grillagée qui, profitant du dénivelé, captait l'eau de cet endroit vers « Gandère », mais je n'ai jamais vu l'autre bout du tunnel. Je croyais que ce dernier alimentait l'usine en eau mais pas en énergie mécanique, comme vous venez de nous l'apprendre. J'apprécie l'ingéniosité de ces familles de besogneux, il s'agit d'un canal sous terrain de plus de 250 mètres, pour le captage des eaux de l'Isser d'un endroit dit el kharrouba en amont et qui devait servir au fonctionnement des machines de l'usine de papier et en eau. Un travail aussi important que le pont de Charles Finck. »

_____

41 endroit du cours d'une rivière où l'eau est profonde
42 caroubier

- **ou celui-là** : « Je suis à la recherche de la mémoire de mon père. Il m'a dit il n'y a pas longtemps : demande la ferme Broussais et tu trouveras. Mon père ainsi que mon grand-père maternel, de Béni-Khalfoun, ont été les jardiniers du Général de Gaulle dans précisément cette ferme Broussais dont le général n'a jamais fait mention dans ses mémoires. Mon père a 86 ans et c'est seulement maintenant qu'il commence à nous parler de son histoire. Nous n'avons rien, aucune photo ni document pour remonter le fil de cette histoire tourmentée et morcelée. J'aimerais dire à mon père que j'ai retrouvé sa mémoire. Je suis moi-même née à Tizi-Gheniff, dans un camp de regroupement alors que notre village était plus haut vers la forêt Matoussa ».

- **ou encore** cette délicate attention d'un ami qui se souvenait qu'il était un de nos voisins et qui nous apprenait le décès de Maurice Morell le 20 février 1989 à Lakhdaria. Il était resté vivre à Palestro avec sa compagne kabyle. Ils vivaient encore sur le lot 107 du plan de 1874, quand nous en sommes partis en 1962. Maurice était chauffeur à la S.I.P *(Société Indigène de Prévoyance),* il assurait le ravitaillement des douars avec un Ford de couleur verte.
(Un autre colon du village, Georges Garbiès ainsi qu'Yvonne Garbiès et sa sœur Madeleine sont restés en Algérie. Georges y serait décédé en 1984).

- **en 2011, le père Lucas décèdera à Oran**, il était arrivé à Palestro vers 1958. Je me rappelle l'avoir rencontré dès son arrivée, il m'avait adressé une brigade de géomètres qui avait des relevés à faire. Il s'agissait de remembrement dans le cadre du plan de Constantine. J'avais déjà participé à de telles opérations autour d'Orléanville quelques années après le terrible tremblement de terre.
Les « Palegasques » *(c'est ainsi que se désignent certains internautes de l'ex-Palestro)* écrivaient en hommage au Père Lucas :

« Il n'était pas parti en 1962, après l'indépendance. Il renonça à sa nationalité française, il a aimé cette ville, aidé les pauvres etc… En guise de remerciement, il a été chassé de sa maison *(le presbytère de sinistre mémoire)* comme un malfrat, par nos responsables qui voulaient à tout prix récupérer sa demeure. Il s'était installé à Thenia *(Ménerville),* La maladie et la solitude l'ont obligé à quitter cette ville et il est mort dans la maison de retraite de l'archevêché d'Oran. Voilà tout ce qu'a fait la bêtise humaine, à cet homme humble et bon ».

- cet article sur Hamana, l'ex-quartier d'un caïd …

On pouvait lire dans le journal « La Dépêche de Kabylie » :
« Hamana est le nom attribué par les Lakhdari à l'un des quartiers le plus populeux de la ville de Lakhdaria. C'est le nom d'un ancien habitant de Lakhdaria désigné comme Caïd dans la région par l'occupant français du temps de la colonisation. Ce caïd, soulignons-le, s'est approprié toutes les terres situées à l'est de la ville. Après l'indépendance, il a vendu pratiquement toutes ces terres qu'occupent actuellement les habitants de la localité … »

————————

Quand l'Algérie nous poursuit

De nombreuses rues et places publiques de France, prendront le nom « du 19 Mars 1962 », en référence à un « cessez-le-feu » qui était le début d'hostilités meurtrières et celui de notre exode dans l'improvisation.

Le 19 mars 2012 Mohamed Merah réalisera ses effroyables crimes, cinquante ans jour pour jour après le cessez-le-feu de la guerre d'Algérie.

"Palestro" devient synonyme de massacre.

En 2005 dans un séminaire tenu au Centre d'histoire sociale du XXe siècle et dont le thème était "Le corps à l'épreuve", Raphaëlle Branche (historienne, Univ. Rennes 2) intervenait en présentant « Le massacre de Palestro ou la sauvagerie de l'adversaire ».

En 2010 les éditions Armand Colin publiaient « L'embuscade de Palestro », écrit par Raphaëlle Branche.

Le 20 mars 2012, dans le cadre de la commémoration des 50 ans de la fin de la guerre d'indépendance de l'Algérie, Arte diffusait un « documentaire » réalisé à partir de ce livre.

Nous avions été sollicités pour témoigner dans ce documentaire réalisé par Rémi Lainé, pour connaître le point de vue des habitants français de la région que Raphaëlle Branche n'avait pas pu intégrer dans son livre, nous était-il dit.

Après deux ou trois rencontres, quelques courriels échangés, il s'est vite avéré que notre point de vue apportait un éclairage qui ne pouvait convenir au livre dont il ne fallait pas s'éloigner.

Ce document n'était qu'une ode au terrorisme du FLN, sa lecture était insoutenable pour qui a vécu ces événements. On y expliquait l'injustifiable, trouvant des raisons à des actes d'une cruauté infinie. Tout lecteur pourrait en vérifier la partialité cachée derrière le sceau de l'historienne.

Nous avons vite compris que l'auteure de « L'embuscade de Palestro » ne pouvait s'être trompée dans son réquisitoire sur la présence des colons à Palestro. Nous lui laissons le soin de s'investir dans son travail de recherche d'un sens à la violence.

« Il y a des moyens qui ne s'excusent pas, un homme ça s'empêche » écrivait Albert Camus.

Les soldats de la section Artur ne devaient pas être les victimes de leurs bourreaux mais celles du devoir de « Pacification » qui leur avait été assigné et celles de la « haine du colon » supposée régner partout en Algérie. La colonisation n'était qu'une usurpation de terres.

Rappelez-vous les hommes arrêtés sur le parapet, au bord du pont qui traverse les gorges, le jour de mon arrivée dans ce nouveau monde qu'était devenu Palestro. Ils étaient de Guergour à une demie heure à pieds de ce pont, la carrière était en face, ils travaillaient avec Jean de Keller. Certains d'entre eux habitaient le village, à côté de notre maison, nous jouions avec leurs enfants, fréquentions la même école.

Quand nos parents nous ont quittés en 1985, nous avons découvert une correspondance que notre père entretenait avec certains de ces voisins. Quand nous leur avons fait part de son décès, leurs condoléances étaient accompagnées d'une invitation à venir chez eux, à Lakhdaria. Nous y sommes allés en janvier 1986. C'était aussi un pèlerinage en quelque sorte.

Cette innommable embuscade s'est déroulée entre Guergour, situé à environ trois kilomètres de cette carrière dont notre père était le chef de chantier et Djerrah quelques kilomètres plus loin. Plusieurs habitants des douars aux alentours y travaillaient aussi. Qui pourrait croire qu'ils se soient côtoyés sur ce chantier, tant avant qu'après ce drame, si toute la haine, si la présentation vengeresse de la population locale rapportée dans ce livre, eut existée ?

Qui pourrait croire que personne n'ait attenté à sa vie, alors que l'on utilisait de la dynamite pour extraire la pierre de la falaise et que cet explosif était précieux à la rébellion ?

C'eut été moins risqué que de s'en prendre à la section du sous-lieutenant Artur.

Comment expliquer que si les douars avaient été rasés et les habitants exterminés, cette carrière n'ait pas été arrêtée, soit par sécurité soit par manque de main d'œuvre ?

Elle a continué à fonctionner jusqu'à l'indépendance.

Pourquoi ne pas avoir interviewé les habitants de Palestro et en particulier ceux d'Elfnar ce quartier que nous habitions. Beaucoup d'entre eux venaient de Guergour ou des Ouled Dahmane et connaissaient bien les personnes qui avaient vécu le drame de cette embuscade. Ils nous auraient certainement mieux renseigné que les témoins éloignés retenus par nos conteurs qui n'étaient pas encore arrivés au monde quand nous devions abandonner Palestro.

Notre témoignage eut certainement contrarié le sens du livre et du documentaire. Le seul témoignage retenu dans ce "documentaire" émanant d'un colon ayant des racines à Palestro, dure 50 secondes. C'est celui de Gérard Servat qui avait 4 ans le 9 mars 1956, quand il assista au massacre de sa mère et de ses grands-parents avant de s'évanouir sous les balles des terroristes sans pitié. Quel rapport de cet enfant avec la domination coloniale ?

Si l'objectivité est difficile à atteindre, l'impartialité ne devrait-elle pas être la vertu que tout historien ?

Nous voilà, quelques enfants de Palestro,

Pour parvenir à peupler l'Algérie d'une forte minorité européenne, sans détruire ou déculturer la population locale, la France avait fait appel à tous ses voisins européens. Dans un premier temps des communautés se créèrent mais à la seconde génération les garçons italiens apprécièrent les charmes des filles de l'Est et ceux du Nord lorgnèrent les brunettes du midi. L'école, le mariage, les enfants firent le reste et avec eux naissait de ce « melting-pot », un peuple que l'on baptisera avec ironie « Pieds-noirs ».

Par contre les mariages avec nos voisins musulmans restèrent exceptionnels et généralement dans un seul sens, le plus souvent la femme était européenne. Les fillettes musulmanes voilées dès leur puberté, ne sortaient presque plus du domicile de leurs parents avant que ceux-ci n'aient décidé de leur mariage. Un chrétien ne pouvait pas épouser une musulmane, à moins de se convertir à l'Islam. C'est encore vrai de nos jours dans les pays qui conforment leur droit à la « charia » *(code de conduite islamique)*. Cet obstacle sera un facteur important de la division de la population de l'Algérie en deux communautés, à quelques exceptions près, d'un côté les « Arabes » de l'autre les « Roumis[43] ».

Nos parents n'étaient pas riches, leurs revenus étaient souvent inférieurs à ceux de la métropole mais nous avions le soleil en plus. Ce qui ne nous empêchait pas d'aller voter en donnant souvent un léger avantage à la gauche. La Casbah était communiste, Jacques Chevalier à Alger était social-démocrate, Oran était partagé entre communistes et la droite, Constantine était républicain indépendant, Bougie avait eu un sénateur SFIO, Ferhat Abbas élu de Sétif disait du maire Mr. Deluca, que « c'était un libéral ami des indigènes » *(Ferhat Abbas sera le président de l'Assemblée*

---

43 *Remontant probablement au temps des « Romains » le terme Roumi désignait tout Européen ou Chrétien.*

nationale constituante de la république algérienne, Luc Deluca fut assassiné le 8 mai 1945).

On a trop souvent stigmatisé les Pieds-noirs, dans la légende du « million de colons à cravache et à cigare montés en Cadillac » comme écrivait avec ironie Albert Camus.

D'immenses territoires avaient été concédés à des sociétés de capitaux, d'autres tout aussi étendus étaient des fiefs attribués ou conservés par les notables indigènes ayant aidé l'armée française dans sa conquête. Tel le « Califat » d'Ahmed el Mokrani *(mort en 1853 en revenant d'une chasse à Compiègne à laquelle il avait été invité par Napoléon III).* Il était « Khalifa de la Medjana » après son allégeance et le franchissement des Portes-de-Fer dans les Bibans par l'armée française en 1839.

Sur le plan industriel, l'exploitation des minerais de fer et de phosphate représentait une activité importante mais aucune industrie de transformation n'y vit le jour en raison de l'opposition des industriels de métropole.

Quelle injuste confusion et quelle regrettable manipulation politique ont rendu « le Pied-noir » responsable de « l'exploitation coloniale » ?

Nous fûmes bien plus des exploités que des exploiteurs, les dividendes n'étaient pas pour nous. Les vivants s'exilèrent, les plus âgés d'entre eux, ne pouvant comprendre l'injustice d'un sort qu'ils n'avaient pas mérité, repassèrent en boucle le film de cette tragédie. Nombreux sont ceux qui se réfugièrent dans le silence d'une longue aphasie avant de rejoindre leurs aînés. Combien sont partis en emportant avec eux l'insoupçonnable richesse du récit de leur vie. « Ce destin était le commencement d'une terrible douleur dont le sens échappe chaque jour davantage à nos compatriotes métropolitains. Nous avions été élevés sous d'autres cieux, dans une autre lumière, sur une terre aux horizons infinis et nous voici amputés de tout ce qui, en nous, appartenait à cette terre, notre terre » *(Edmond Jouhaud).*

Nous voilà de retour sur leur point de départ, au milieu des familles restées vivre au village. Nous voilà à Lasino, au pied de ce monument, à tourner les pages de l'histoire de ce peuple éphémère.

En bas de la vallée coule le Sarca, ils marchent côte à côte. De Nico qui avait reçu les clés de la ville, à Jean-Louis qui dut les rendre, ils sont tous là : maçons, briquetiers, chaufourniers, mineurs, terrassiers, forgerons, fermiers, artisans, commerçants, techniciens, ingénieurs, fonctionnaires, médecins, enseignants, venus des quatre coins de France, de Malte, d'Allemagne, d'Espagne, d'Italie, de Suisse, de Pologne et de plus loin encore. Nous avions rendez-vous en ce lieu.

Même si nous ne parlons pas tous la même langue, nous comprenons bien le sens de cet hommage, nous sentons bien qu'à Lasino, on ne nous demandera pas de repentance préalable inacceptable, sauf par les faibles ou les coupables et qu'enfin il nous sera possible d'aller à la rencontre de ceux qui nous ont précédés.

Il y avait si longtemps que nous attendions d'être compris.

Bibliographie

- Archives familiales
- Actes notariés
- Archives paroissiales
- Albert Camus, *Le premier homme* (Gallimard - 1994)
- Centre des Archives d'Outre-Mer à Aix-en-Provence
- Jean-Maurice Di Costanzo, *Allemands et Suisses en Algérie*
     (Jacques Gandini - 2001)
- Gallica, *bibliothèque numérique de la B.N.F.*
- A Hanoteau et A Letourneux, *La Kabylie et les coutumes kabyles*
     (Imprimerie nationale - 1872)
- Hugues Le Roux, *Le maître de l'heure* (Calmann Lévy - 1897)
- René Mayer, *Mémoires déracinées* (L'Harmattan - 1999)
- Jean Noël, *Journal d'un administrateur à Palestro* (Baconnier - 1958)
- Louis Rinn, *Histoire de l'insurrection de 1871 en Algérie* (librairie Adolphe Jourdan Alger -1891)

Table

Plans, notes et illustrations

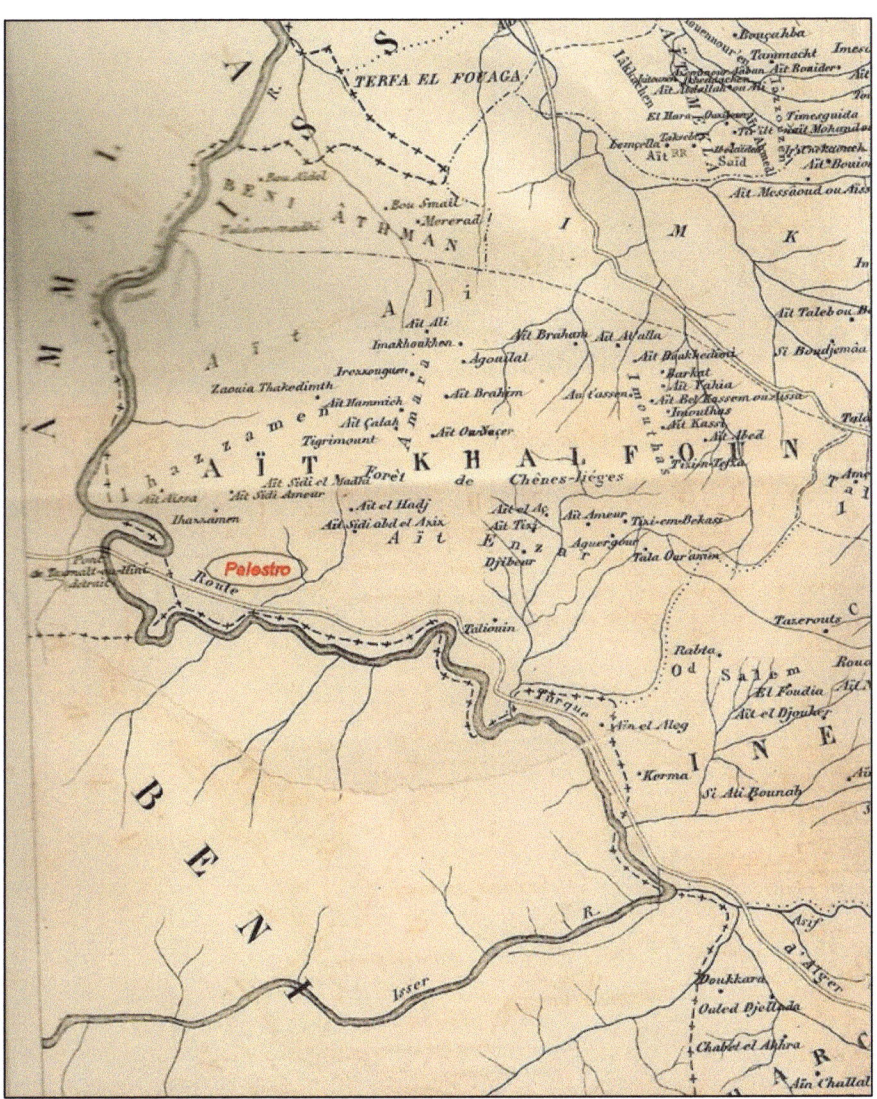

Extrait de la première carte de la Kabylie du général Hanoteau relevée et dessinée par le capitaine Mas, publiée dans « La Kabylie et les coutumes kabyles » en 1872.
(Le long de la route turque, Palestro n'existait pas encore au moment des relevés)

Illustration de M. LECOULTRE : «Corona prise en otage par les Khouans pour le fils du caïd des Ammal»

Il y eut, à cette occasion, des allées et venues insolites entre les deux tribus, certains propos, avaient été tenus auxquels l'état général du pays donnait une signification inquiétante. C'est ainsi que, dans une salle d'auberge, le fils du caïd des Ammal, moitié sérieux, moitié plaisantant, avait dit en arabe en montrant des yeux une jeune fille française «Si on se bat, en voici une qu'il ne faudra pas tuer, je la prendrai pour femme". (Rapport de Louis Rinn).

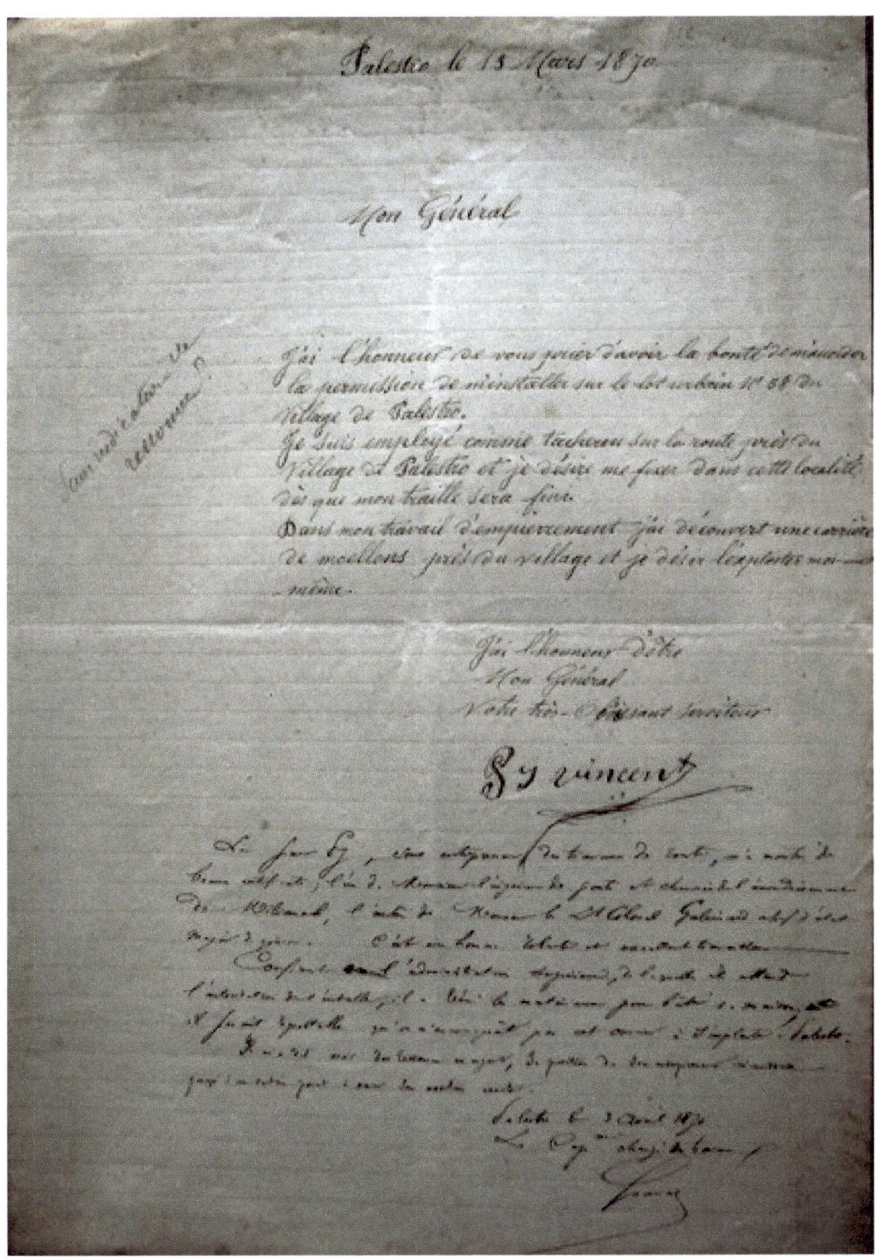

Demande de concession de Mr. Vincent Py

Extrait de l'état nominatif des colons au 23 mars 1871

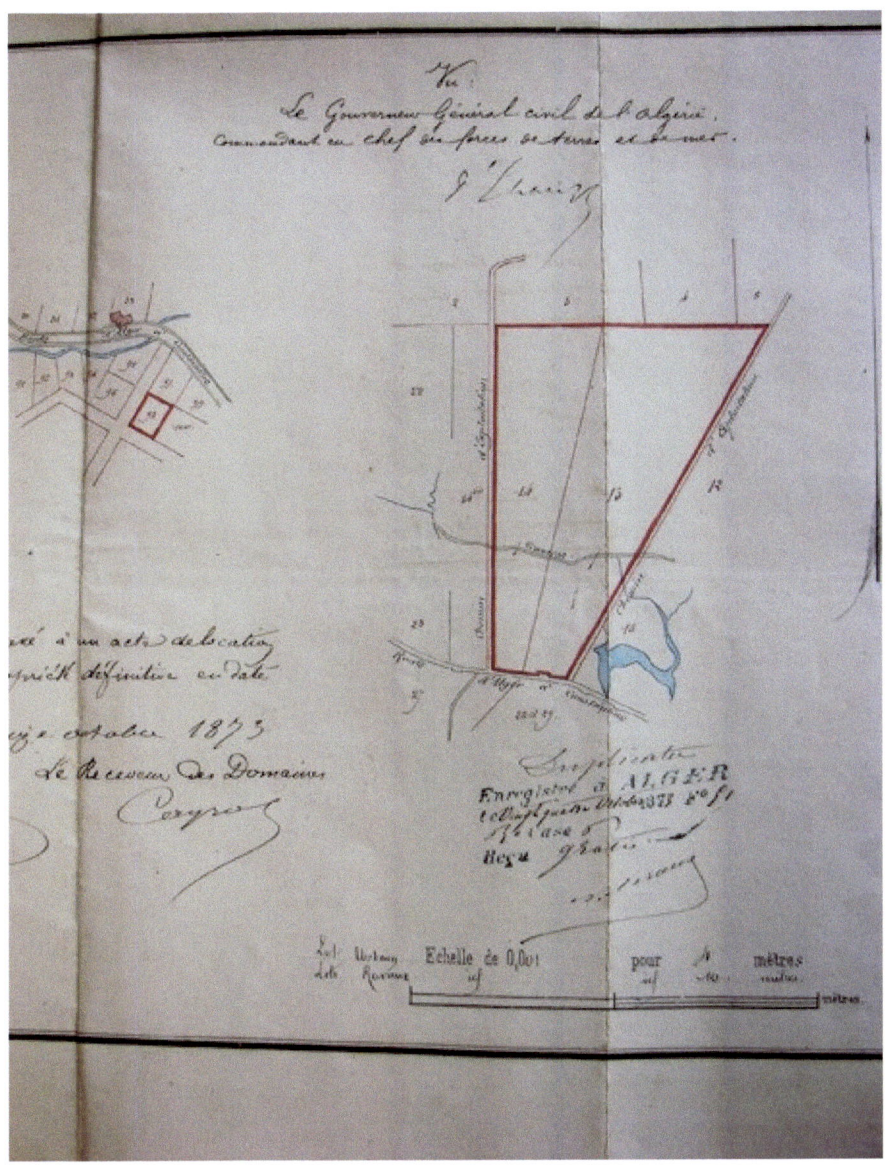

*Concession au profit de Mr Isidore Azeau le 16 octobre 1873 qui
sera transformée en titre de propriété le 27 août 1882
au profit de sa veuve née Ursule Sarda*

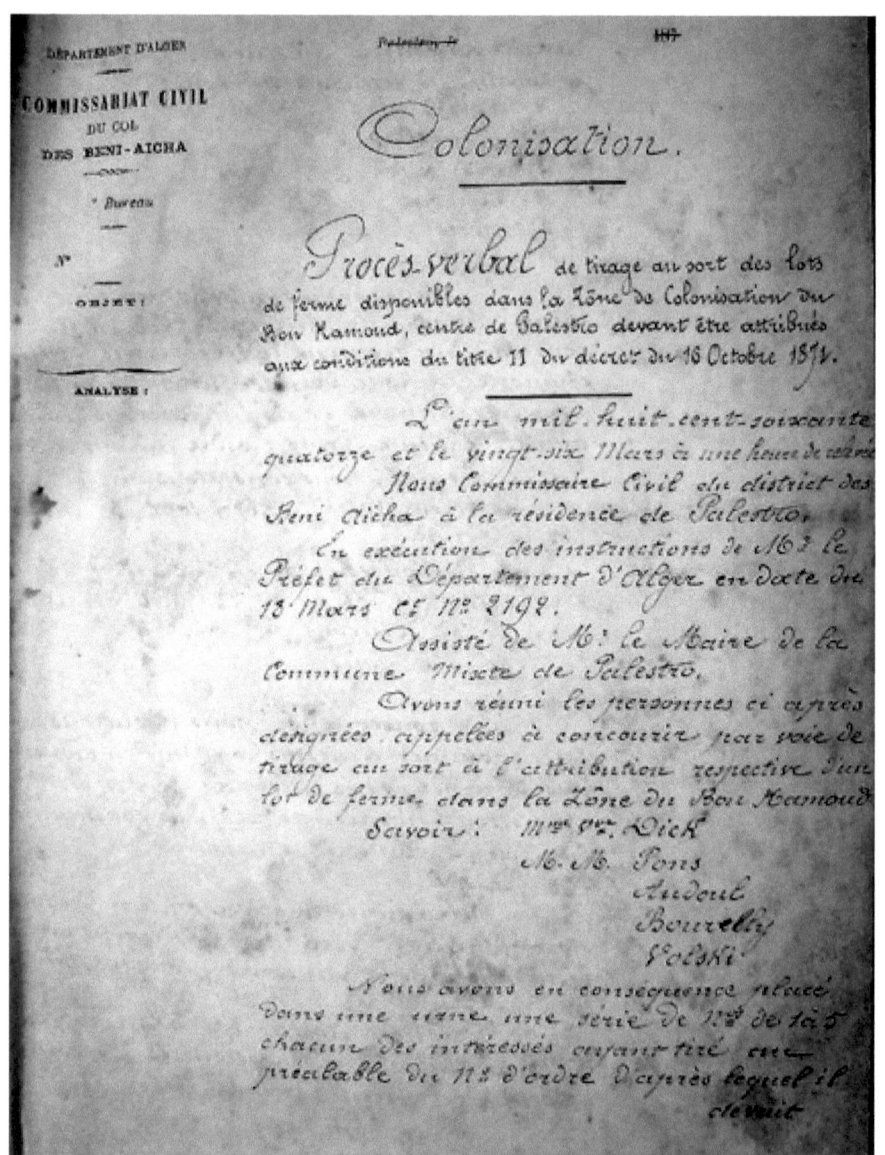

DÉPARTEMENT D'ALGER

COMMISSARIAT CIVIL
DU COL
DES BENI-AICHA

* Bureau

N°

OBJET:

ANALYSE :

Colonisation.

Procès-verbal de tirage au sort des lots de ferme disponibles dans la Zone de Colonisation du Bou Hamoud, centre de Palestro devant être attribués aux conditions du titre II du décret du 16 Octobre 1871.

L'an mil huit cent soixante quatorze et le vingt-six Mars à une heure de relevé

Nous Commissaire Civil du district des Beni Aicha à la résidence de Palestro.

En exécution des instructions de M° le Préfet du Département d'Alger en date du 13 Mars et N° 2192.

Assisté de M° le Maire de la Commune Mixte de Palestro.

Avons réuni les personnes ci-après désignées, appelées à concourir par voie de tirage au sort à l'attribution respective d'un lot de ferme dans la Zone du Bou Hamoud

Savoir : M° S° Dick
M. M. Pons
Audoul
Bourelly
Polski

Nous avons en conséquence placé dans une urne une série de N° de 1 à 5 chacun des intéressés ayant tiré au préalable du N° d'ordre d'après lequel il devait

Tirage au sort de 4 lots dans la zone de Bou-Hamoud
le 26 mars 1874

Routes des gorges de Palestro, vallée de l'Isser.

Gravure sur bois publiée en 1888

LES GORGES DE PALESTRO ET LE BOU-ZEGZA
PRIX : 45 Francs

Au départ on traverse *Hussein-Dey* et *Maison-Carrée* ; plus loin, on parcourt une remarquable région viticole dont *Rouïba* est la prospère capitale et l'on parvient à *Ménerville*, d'où la route obliquant vers le Sud, va traverser les *Gorges de Palestro* où commence la région Kabyle.

Au retour, on rentrera par la route pittoresque qui contourne la montagne du *Bou-Zegza* et suit un moment la vallée de l'Oued Keddara. On jouira en passant d'une admirable vue panoramique sur la Mitidja, avec, pour fond de tableau, la *Blanche Alger*.

GORGES DE PALESTRO

Tous les mercredis : Départ d'Alger à 9 h. Retour à 17 h. 30

Extrait d'une brochure touristique

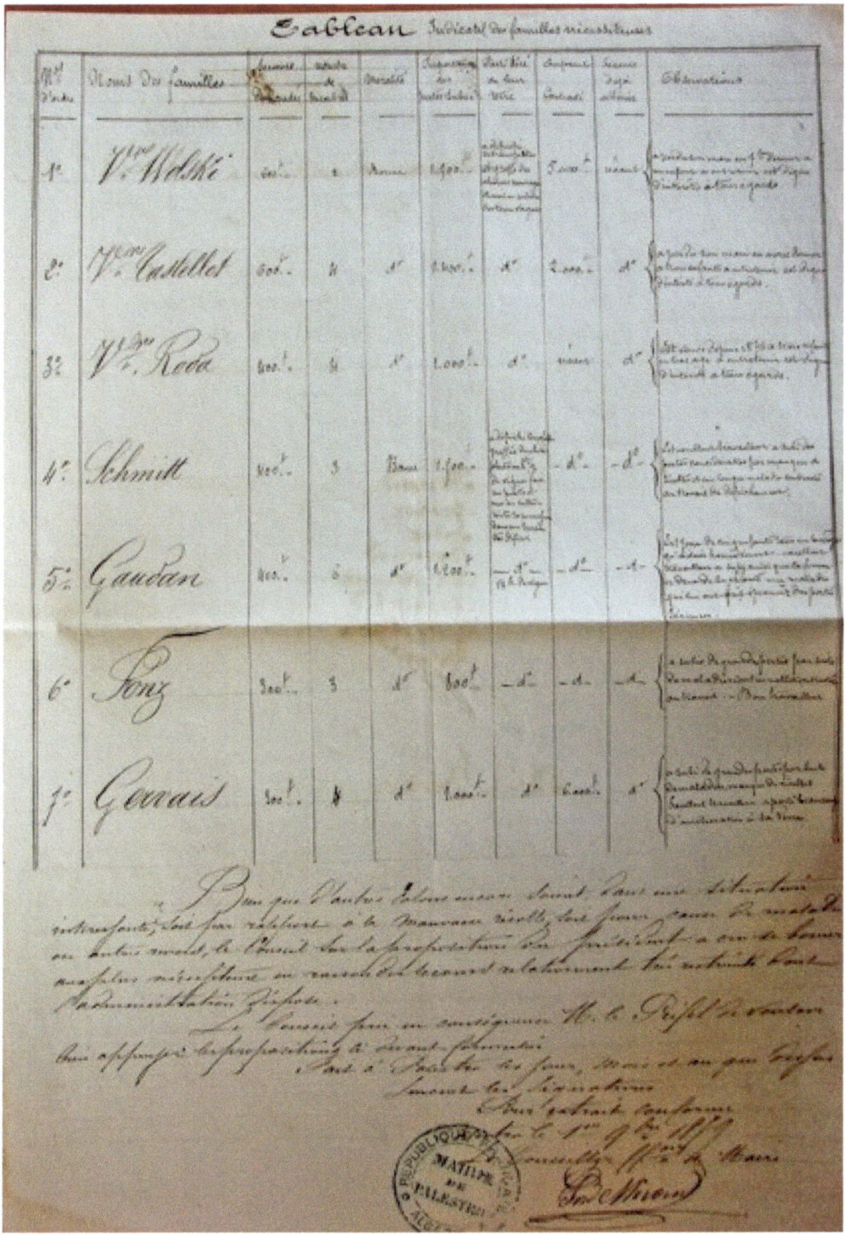

Tableau indicatif des familles nécessiteuses

Nos d'ordre	Noms des familles	Secours demandés	Nombre d'enfants	Moralité	Importance des pertes subies	[illegible]	Emprunt contracté	Secours déjà obtenus	Observations
1°	Vve Welski	300f	2	Bonne	1.500f	[illegible]	5.000f	néant	[illegible]
2°	Vve Castellet	300f	4	d°	1.400f	d°	2.000	d°	[illegible]
3°	Vve Roda	300f	4	d°	1.000f	d°	néant	d°	[illegible]
4°	Schmitt	300f	3	Bonne	1.500f	[illegible]	d°	d°	[illegible]
5°	Gaudan	300f	6	d°	1.200f	d°	d°	d°	[illegible]
6°	Ponz	300f	3	d°	600f	d°	d°	d°	[illegible]
7°	Gervais	300f	4	d°	1.000f	d°	600f (?)	d°	[illegible]

Secours apportés aux colons nécessiteux par le conseil municipal du 16 octobre 1879

Cinquième année. — N° 1315.   ALGÉRIE-TUNISIE   Mardi 8 et Mercredi 9 Juin 1897.

JOURNAL GÉNÉRAL

ORGANE OFFICIEL DU SYNDICAT COMMERCIAL ALGÉRIEN
AINSI QUE DU SYNDICAT DES ENTREPRENEURS DE TRAVAUX DE L'ALGÉRIE ET DE LA TUNISIE

TRANSLATION DES CENDRES
des Victimes de l'Insurrection de 1871 à Palestro

Le massacre de Palestro a été l'épisode le plus sanglant de l'insurrection de 1871. Une brigade de gendarmerie tout entière et un grand nombre de colons ont été égorgés par les révoltés. Cinquante-quatre personnes ont péri après une lutte héroïque ; quelques survivants, surtout des femmes et des enfants, ont été emmenés en captivité dans la tribu kabyle des Beni Khalfoun. Parmi ces survivants, étaient un capitaine du Génie et la femme du commandant de place de Dra-el-Mizan.

Une expédition de secours, conduite par le colonel Fourchault, arriva trop tard et ne put qu'ensevelir, sur la place et contre l'église incendiée, les cadavres mutilés des malheureuses victimes de la barbarie des insurgés. En se repliant vers Alger, la colonne Fourchault en vint aux mains avec les contingents rebelles qui essayaient de lui couper la retraite.

Ce n'est que plus tard, après avoir défait et tué El-Mokrani, au combat de l'Oued-Soufflat, que le général Cérez put délivrer les 45 prisonniers français qui avaient passé 22 jours en captivité.

Un monument commémoratif a été élevé sur la principale place du village de Palestro et il a été inauguré il y a déjà quelques années.

Un comité d'initiative, présidé par M. Emile Broussais, conseiller général de la circonscription, s'est formé pour organiser la cérémonie de translation des cendres des victimes de 1871 sous le monument de Palestro.

Cette cérémonie, placée sous le haut patronage du Conseil général d'Alger, aura lieu le 27 juin prochain avec le concours promis de M. le général commandant le 19e corps d'armée et sous la présidence d'honneur de M. le Gouverneur général ; les municipalités voisines et les chefs indigènes y sont invités.

D'un caractère à la fois civil et militaire, la manifestation patriotique de Palestro sera de nature à consacrer un grand exemple des sacrifices de la colonisation algérienne et de la générosité de la France envers les rebelles vaincus.

Plusieurs ministres n'ont pas hésité à se rendre en Algérie et en Tunisie pour inaugurer des écoles indigènes, des lignes de chemin de fer ou des ports, la population française de Palestro espère que le Gouvernement de la République voudra bien saluer les restes de ces militaires, de ces agriculteurs, de ces artisans, martyrs de la civilisation et du progrès.

Des dispositions ont été arrêtées avec le gracieux concours de l'Est-Algérien pour le transport des invités et des troupes qui prendront part à la cérémonie du 27 juin.

Une souscription a été ouverte par les soins du Comité d'organisation ; à l'heure actuelle, elle a produit la somme de 4,605 francs.

Journal Général du 9 juin 1897

58. - NOUVELLE-CALÉDONIE. - NOUMÉA. - Rue Palestro

La rue de Palestro à Nouméa

1897 - Relevés topographiques à Keddara

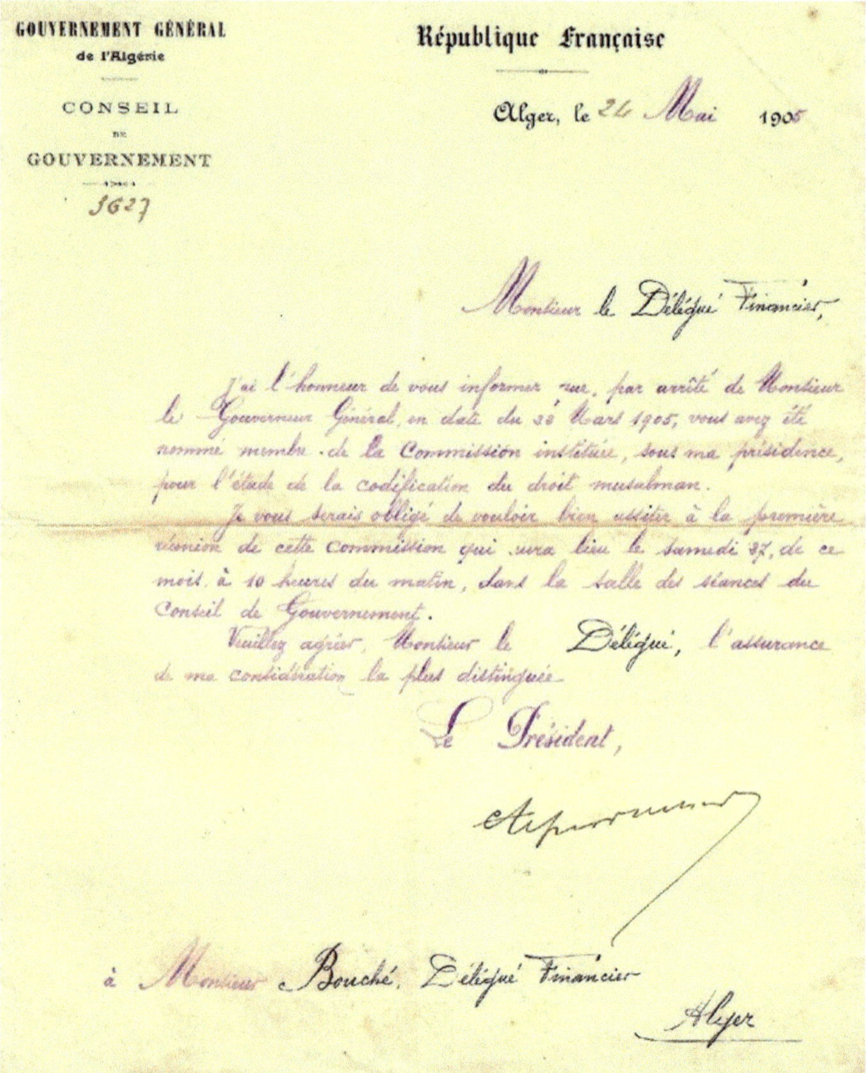

GOUVERNEMENT GÉNÉRAL
de l'Algérie

République Française

CONSEIL
DE
GOUVERNEMENT

5627

Alger, le 24 Mai 1905

Monsieur le Délégué Financier,

J'ai l'honneur de vous informer que, par arrêté de Monsieur le Gouverneur Général, en date du 30 Mars 1905, vous avez été nommé membre de la Commission instituée, sous ma présidence, pour l'étude de la codification du droit musulman.

Je vous serais obligé de vouloir bien assister à la première réunion de cette commission qui aura lieu le samedi 27, de ce mois, à 10 heures du matin, dans la salle des séances du Conseil de Gouvernement.

Veuillez agréer, Monsieur le Délégué, l'assurance de ma considération la plus distinguée.

Le Président,

à Monsieur Bouché, Délégué Financier
Alger

Convocation de M. Bouché pour l'étude de la codification du droit musulman

Il faut qu'il y ait un texte fixe pour que les juges se rapportent au même texte pour juger les mêmes espèce —

Pour qu'une Cour Supérieure puisse s'y reporter pour juger les Conflits en dernier ressort.

Ce texte sera Conforme à la règle au texte et à l'esprit musulman. Mais pour le déterminer nous devrons ne pas perdre de vue

1° que art. 3 les lois de police et de sureté obligent tous ceux qui habitent le territoire

2° Que nous avons la responsabilité de tout ce qui intéresse la morale et l'ordre publique

Conception moderne de la morale et de l'ordre public

pour les lois de police et de Sureté et alors la question n'existe plus et en nous reconnaissant la plénitude de la juridiction crimi-nelle les musulmans ont admis tout qu'au moins en ce qui concerne le droit pénal la loi ~~musulmane~~ Coranique pourrait être entamée.

Il ne pourra pas non plus y avoir de ~~conflit~~ d'opposition ~~grave~~ sérieuse à notre prétention d'être inflexible contre toute interprétation de la loi musulmane qui porterait atteinte à la liberté individuelle, l'absence de consentement des parties en matière de contrats, la coercition à l'égard des personnes dont nous ne voulons à aucun prix qu'il soit disposé autre-ment que selon leur volonté car c'est la volonté du prophète lui-même.

1903 - *La guinguette du père Garrigou*

L'ancienne gendarmerie dans laquelle les hommes défendant le village furent sauvagement mutilés le 21 avril 1871. (Reconstruite, elle fut transformée en école)

Le pont suspendu de la ferme Finck

La famille Strub devant leur forge

La RN5, l'hôtel de France et la mosquée.

La gare

L'église et son ancien clocher

La mairie

On ne faisait pas que

cultiver les champs …

Jean-Baptiste MARI était né à Palestro le 20 janvier 1912 et faisait partie d'une des premières familles arrivées au village. Son grand-père François MARI (1850-1898), boulanger au village était veuf de Raymonde MAYORAL (1856-1879) fille de Marcelin

MAYORAL, journalier victime de l'insurrection du 22 avril 1871. Avec son père Baptiste MARI (1882-1947) ils faisaient partie de l'orchestre symphonique « Les Amis Réunis » dont le père était président et le fils directeur artistique et chef d'orchestre.

Robert Prudon (ingénieur du son) qui présidait aux destinées du label Mandala, confiait : « Jean-Baptiste Mari était un chef remarquable et près de 50 ans plus tard, je ne m'explique toujours pas pourquoi il a été aussi peu médiatisé... » Le problème est que ce chef français d'Algérie, originaire de Palestro, avait un trac fou en public, alors que les musiciens de l'orchestre où il était passé de tuba solo à la direction, proclamaient : « Avec lui, chaque répétition est comme un concert. » Et Münch de dire également : « Mais qu'est-ce que tu as à t'enfermer dans une fosse d'orchestre ? Ta place est sur l'estrade ! » Le trac eut toutefois raison de Jean-Baptiste Mari qui mit fin à sa carrière en public. Néanmoins il fut sollicité et convaincu par Pierre Arvay, compositeur et directeur artistique des disques Teppaz, d'être le chef d'orchestre de la série « Concert » pour laquelle, rassuré par le travail en studio et l'absence de public, il réalisa des gravures maintenant légendaires.

Ces enregistrements inestimables d'un très grand chef d'orchestre, font partie dorénavant de notre patrimoine le plus précieux.

1934 - Fête des Anciens Combatants

Union Sportive de Palestro - 1947

La pompe à essence de Vincent Morell

1960 - En premier plan le kiosque sur la place du village.
L'Hôtel de France à l'angle de la RN 5 vers Constantine, en arrière.

Cantonniers municipaux autour de Léon Lévéque

1960 - En premier plan le marché couvert et autour de la cour plantée de palmiers, le groupe scolaire que nous avons fréquentés.

Cours moyen filles 1950/1951

Cours moyen garçons 1950/1951

1 - Belkadi Saïd, Yetto, Bakere, ?, Belkadi Ali, Bonzom Paul, Mokrane
2 - Mr Said Azi (enseignant), J. Coste, R. Galiana, O. Hambli, N. Abdelhamin, R.Bergui, ?, Larabi, M. Hambli
3 - ?, A. Mokrani, H. Abdelhamin, ?, M. Bouchêne, F. Mkhaldi, A. Bouzid, M. Plaza.
4 - K. Chaalal, N. Khoja, L. Keller, A. Mazouni, A. Yacine, A. Marsot, A, Bouchêne et R Larbi.

Défilé du 14 juillet 1958 sur les Champs-Elysées

Lors du défilé du 14 juillet 1958, plus de 7000 Français musulmans venus d'Algérie témoigner, au risque de leur vie, leur fidélité à la France descendent les Champs-Elysées sous les acclamations de la foule. Le nouveau chef de l'Etat, le général de Gaulle, qui leur doit d'avoir retrouvé le pouvoir, fera arrêter sa voiture pour les saluer et serrer la main de leurs représentants. Que sont-ils devenus aujourd'hui ?

En passant par les Champs Elysées,
On perd son âme, on perd son cœur, de la France on perd le meilleur

1961 - Appelés du contingent et enfants du village

1986 - La carrière de ballast …

Cher amis à chaque fois que je
monte à Guergour mon village natal, et que
je traverse le pont en face de la carrière
je ne puis m'empêcher de contempler le
petit bureau de votre père encore
debout, coincé entre les rails et la falaise
je le contemple un long moment essayant
de revoir dans l'imaginaire votre père et le
mien entrer et sortir, dans le cadre de leur
travail. Puis après un moment je quitte l'endroit
et je continue mon chemin.

… et ses souvenirs !

2011-Ce qu'il reste de la ferme et de la papèterie du Grand-père

2012- Réunion d'anciens autour de Jeanne Vidal notre doyenne

Le 23 septembre 2016

les enfants de Palestro retrouvaient ceux de Lasino.

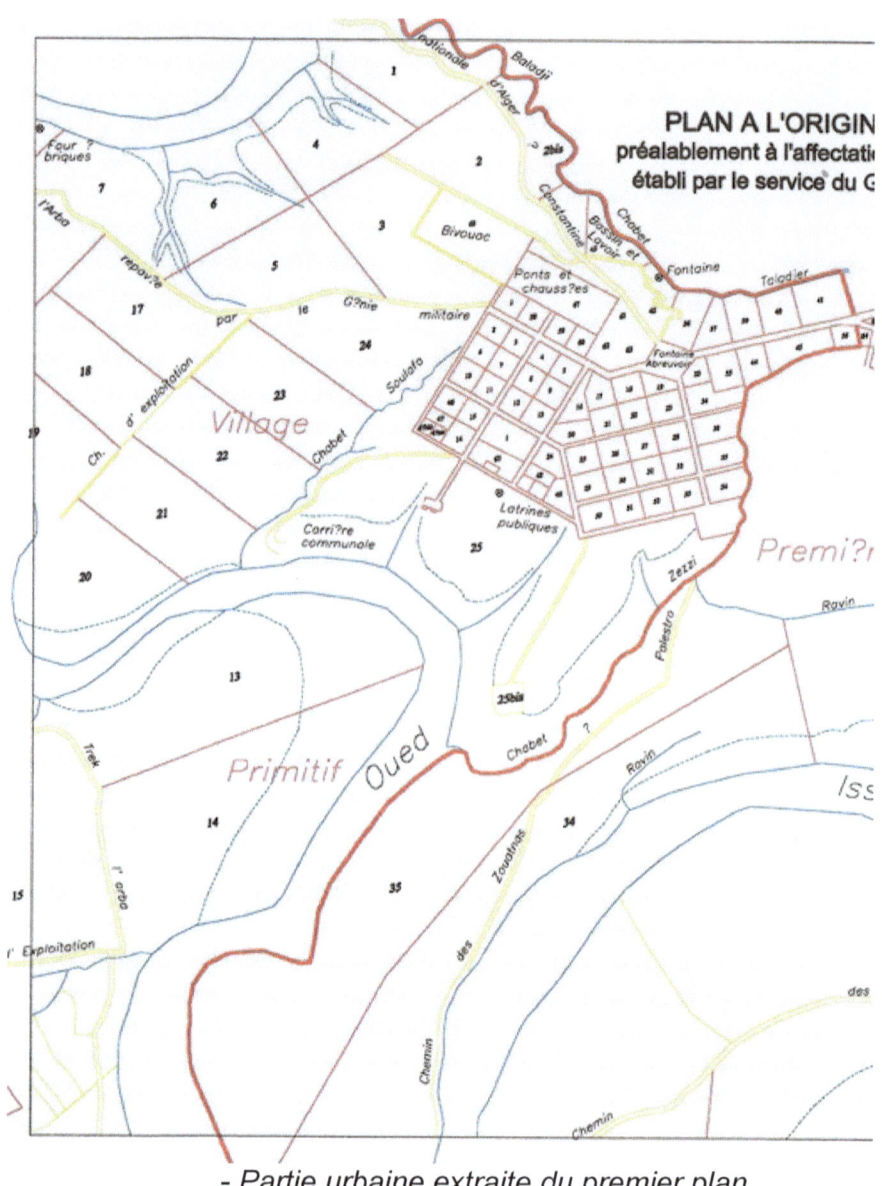

- Partie urbaine extraite du premier plan

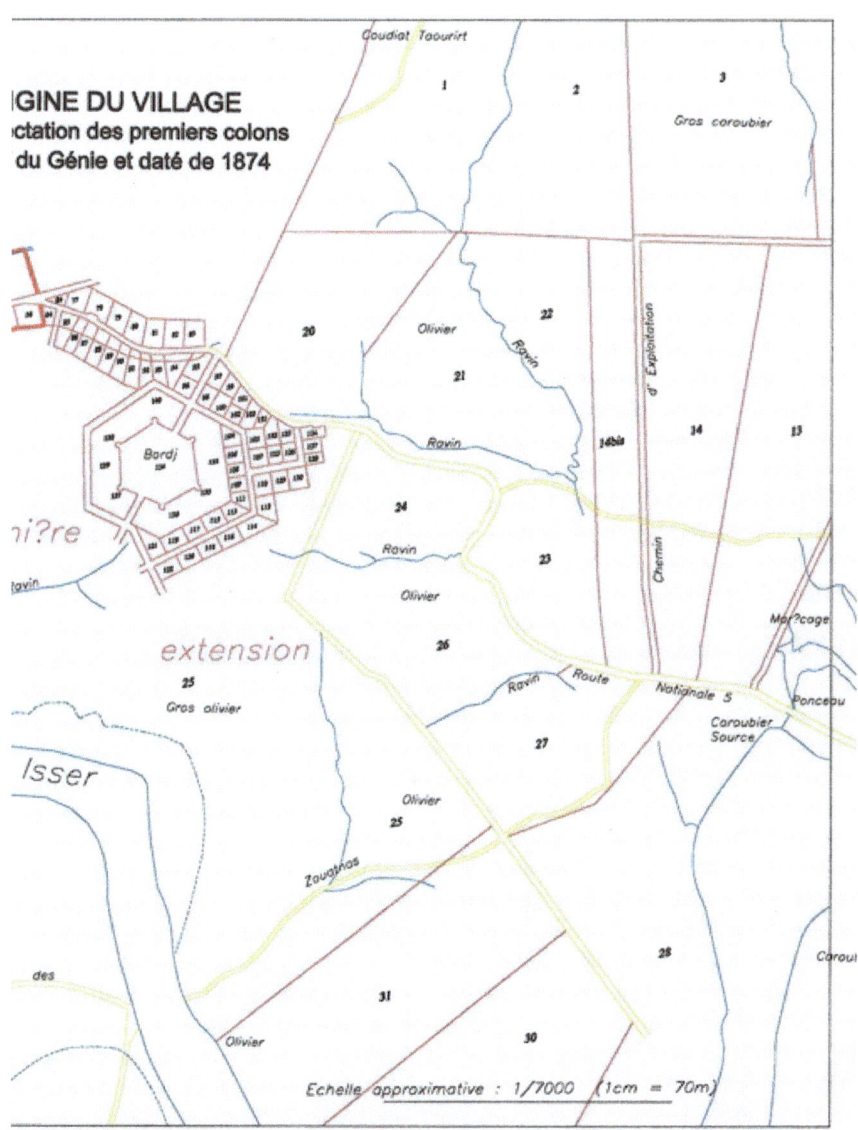

Coudiat Taourirt

IGINE DU VILLAGE
ctation des premiers colons
du Génie et daté de 1874

1

2

3

Gros caroubier

20

Olivier

22

Ravin

21

d' Exploitation

Ravin

14bis

14

13

24

Ravin

23

Chemin

Olivier

26

extension

25

Gros olivier

Ravin

Route

Nationale S

Mar?cage

Ponceau

Caroubier
Source

27

Olivier

25

Zaugthas

28

Caroul

des

31

30

Olivier

Echelle approximative : 1/7000   (1cm = 70m)

Bordj

ni?re

avin

du lotissement de Palestro de 1874